旅游规划与设计 32

TOURISM PLANNING & DESIGN　NO.32

旅游规划 ＋ 景观建筑 ＋ 景区管理

北京大学城市与环境学院旅游研究与规划中心　主编

中国建筑工业出版社　出版

野生动物旅游
Wildlife Tourism

图书在版编目（CIP）数据

旅游规划与设计——野生动物旅游/北京大学城市与环境学院旅游研究与规划中心主编.—北京：中国建筑工业出版社，2019.11
ISBN 978-7-112-24409-6

Ⅰ.①旅… Ⅱ.①北… Ⅲ.①旅游规划②野生动物—旅游资源 旅游规划 Ⅳ.①F590.1

中国版本图书馆CIP数据核字(2019)第245903号

主编单位：
北京大学城市与环境学院旅游研究与规划中心　北京大地风景文化旅游发展有限公司

出版单位：
中国建筑工业出版社

编委（按姓名拼音排序）：

保继刚（中山大学）	陈　田（中国科学院）	陈可石（北京大学深圳研究生院）
高　峻（上海师范大学）	刘　锋（巅峰智业）	刘滨谊（同济大学）
罗德胤（清华大学）	马晓龙（南开大学）	马耀峰（陕西师范大学）
石培华（南开大学）	唐芳林（国家林草局）	王向荣（北京林业大学）
魏小安（世界旅游城市联合会）	谢彦君（海南大学）	杨　锐（清华大学）
杨振之（四川大学）	张　捷（南京大学）	张广瑞（中国社会科学院）
周建明（中国城市规划设计院）	邹统钎（北京第二外国语学院）	

名誉主编： 刘德谦

主编： 吴必虎
本期特约主编： 丛　丽
常务副主编： 戴林琳
副主编： 李咪咪　汪　芳　高炽海
编辑部主任： 林丽琴
编辑部副主任： 姜丽黎
编辑： 孟紫玉　崔　锐　徐文晴
装帧设计： 孟紫玉
责任编辑： 郑淮兵　王晓迪
责任校对： 张惠雯

封面图片提供： 广州长隆野生动物世界
封面图片说明： 广州长隆野生动物世界熊猫三胞胎
扉页图片提供： 王熠
扉页图片说明： 西双版纳大象旅游
封二底图提供： 龚楚峡
封二底图说明： 美国大提顿国家公园
封三底图提供： 徐露萍
封三底图说明： 美国优胜美地国家公园

旅游规划与设计——野生动物旅游
北京大学城市与环境学院旅游研究与规划中心 主编

中国建筑工业出版社 出版、发行（北京海淀三里河路9号）
各地新华书店、建筑书店经销
天津图文方嘉印刷有限公司印刷

开本：880×1230毫米 1/16　印张：10¼　字数：307千字
2019年11月第一版　2019年11月第一次印刷
定价：58.00元

ISBN 978-7-112-24409-6
（34564）

版权所有　翻印必究
如有印装质量问题，可寄本社退换
（邮政编码 100037）

卷首语

人类对野生动物喜爱的历史由来已久，最早的记录可追溯到公元前2300年的埃及，一块石匾上刻有对美索不达米亚南部苏美尔的重要城市乌尔收集珍稀动物的描述。回溯历史发展，人类与野生动物之间的关系脉络也经历了阶段性变化：从原始社会的图腾崇拜，到农业文明和工业文明的开发利用以及生态文明的和谐共生。

传统意义上，野生动物通常被作为一种资源来对待，人类保护它们的目的也是为了更好地利用，因此出现了"人类中心论"的世界观。然而在现代，人类对野生动物的情感主要受属性和价值所影响，因此出现了"生态中心论"的环境伦理观，主张生物多样性是地球上生命元素必不可少的组成部分。这种对不同生命内在价值的认可，引导人类与野生动物进入一种新的关系——以观赏和接触野生动物为对象的旅游活动，即野生动物旅游。

提到野生动物旅游，很多人的第一反应是：只有到东非草原去欣赏野生动物大迁徙，到黄石国家公园的野外追踪野狼，才可以算真正意义上的野生动物旅游……的确，这是野外生境中野生动物旅游的典型代表，而广义的野生动物旅游是指以接触非家养野生动物为主要目的的旅游活动，它不仅可以发生在野外生境中，也可以发生在圈养和半圈养生境中，包括一系列的活动，如观鸟、观鲸、一般的野生动物观光，参观动物园和水族馆，观赏水下生命的潜水、狩猎以及休闲性垂钓等。

野生动物旅游在世界范围内得到蓬勃发展。据估计，全球每年有1200万次与野生动物相关的旅行，并以大约每年10%的速度增长，对各国的经济贡献可多达1550亿美元。在全球每11个岗位中有1个工作机会与野生动物旅游相关。在国外，尤其是美国、澳大利亚等发达国家和野生动物资源丰富的非洲地区，野生动物旅游作为一种产业现象引起了学者广泛的关注，且成果颇丰。本期作者来源也凸显野生动物旅游研究的国际化特征，由新西兰、斯里兰卡、南非以及中国大陆和港澳学者共同构成。

我国野生动物旅游已呈现初露锋芒的发展态势。在市场供给方面，据不完全统计，动物园、鸟语林、海洋馆、野生动物园等圈养和半圈养野生动物旅游景区已有700多处，其中，四川大熊猫繁育与养殖基地、广州长隆野生动物园、珠海长隆海洋王国、东北虎林园等半圈养生境野生动物旅游地，成为节假日国民出游热点景区。在市场需求方面，伴随着亲子家庭出游比例的增长，以缓解学业压力、增进自然接触、培养动物关爱情感等为目的的出游决策中，野生动物旅游成为很多亲子家庭出游的首选。通过本辑中关于野生动物旅游者行为与游憩体验部分的实证案例也都选在圈养和半圈养生境中开展。

野生动物保护已经成为中国政府"一带一路"倡议及"人类命运共同体"理念的重要内容。经验表明，国家公园是野生动物保护一种非常重要且有效的管理手段，但未来国家公园体制试点中如何解决好野生动物保护与游憩利用的问题，的确是一个"关注的读者不多，争议的专家很多，吃力却不讨好"的问题。随着国家公园体制试点稳步推进，尤其是大熊猫和东北虎豹国家公园体制的建立，迫切需要加强相关领域的研究，因此，本辑也有三篇文章分别结合国家公园情境探讨野生动物游憩管理。

特别感谢恩师吴必虎教授的邀请主持本辑话题，也特别感谢各位作者多年潜心辛苦研究，才能集结付梓。希望本辑的出版，可以对中国野生动物旅游可持续发展有促进作用，同时也希望更多学者和相关专业人才关注野生动物旅游研究和产业发展。

本期特约主编

北京林业大学园林学院旅游管理系副教授

目 录

06　野生动物旅游：概念、发展与战略

08　基于文献计量学分析的近30年我国野生动物旅游研究进展述评　　　　　　　　　　　　　丛　丽

20　野生动物旅游开发的空间矛盾　　　　　　　　　　　　　　　　　　　　　　　　　　　崔庆明

28　野生动物园土地综合利用发展路径与业态创新：以济南野生动物园为例
　　　　　　　　　　　　　　　　　　　　　　　　　　　　　　　　　　李　蓓　刘原原　祝　文

38　野生动物旅游：旅游者行为与游憩体验

40　亲近动物型游客会选择观看动物表演吗：以香港海洋公园为例　　　　　　　　张琳琳　黄潇婷

50　四川大熊猫基地游憩需求及满意度分析　　　　　　　　　王雅玲　李俊鸿　戴胡萱　宗　诚
　　　　　　　　　　　　　　　　　　　　　　　　　　　　　　　　　　　　　程　鲲　李菲菲

60　不同生境下野生动物旅游者对景区拥挤感知研究：以大熊猫国家公园为例
　　　　　　　　　　　　　　　　　　　　　　　　　　　　　　　于佳平　王梦桥　石绍萱　丛　丽

72　野生动物旅游产品：国内外案例

74　揭秘中国野生动物旅游：野生动物旅游产品的识别与分类　　　　　　　　　　　　Du Plessis Y.

86　保育海豚·游出关怀："人豚共融"大澳生态游　　　　　　　　　　　　　　　　　　张单媚

96　天选之地斯里兰卡的鸟类　　　　　　　　　　　　　　　　　Sarath Wimalabandara Kotagama

114　生态恢复与自然旅游：以新西兰大陆草根生态保护区的旅游发展为例　　　　　　　　张国杰

122　基于动物友好和人类友好的场景构建研究：以成都"熊猫之都"总体策划和概念性规划为例
　　　　　　　　　　　　　　　　　　　　　　　　　石　莹　王焱宁　王　欣　郑　科　王怡晨

134　国家公园与野生动物旅游：保护、开发与管理

136　生态文明背景下国家公园体制试点建设问题与对策：以三江源为例　　吴昱芳　钟林生　王灵恩

144　国家公园野生动物旅游产品开发与管理研究：以美国黄石公园为例　　　　　　　　郑雅馨

152　VAMP框架在国外国家公园管理中的应用及经验启示　　　　　　　　　　　徐琳琳　丛　丽

野生动物旅游

CONTENTS

TOURISM PLANNING & DESIGN　NO.32
旅游规划与设计 32
旅游规划 ＋ 景观建筑 ＋ 景区管理
北京大学城市与环境学院旅游研究与规划中心 主编
中国建筑工业出版社 出版

06　**Wildlife Tourism: Concept, Development and Strategy**
08　30 Years Research Progress of Wildlife Tourism in China: A Bibliometric Analysis *by Cong Li*
20　Spatial Conflict in Developing Wildlife Tourism *by Cui Qingming*
28　Innovative Development with Integrated Land Use in Wildlife Zoo: Case Study of Jinan Safari Park *by Li Bei, Liu Yuanyuan, Zhu Wen*

38　**Wildlife Tourism: Tourist Behavior and Recreation Experience**

40　Will the Animal-friendly Tourists Watch Animal Shows: Case Study of Hong Kong Ocean Park *by Zhang Linlin, Huang Xiaoting*
50　Analysis on Tourist Demands and Satisfaction for Sichuan Giant Panda Bases *by Wang Yaling, Li Junhong, Dai Huxuan, Zong Cheng, Cheng Kun, Li Feifei*
60　A Research on Congestive Perceptions of Wildlife Tourists: Case Study of Giant Panda National Park *by Yu Jiaping, Wang Mengqiao, Shi Shaoxuan, CongLi*

72　**Wildlife Tourism Products: Cases from China and Beyond**

74　Demystifying Chinese Wildlife Tourism: Identification and Classification of Wildlife Tourism Products *by Du Plessis Y.*
86　Sousa Chinensis Conservation and Ecological Tours in Tai O, Hong Kong *by Cheung Tan Mei*
96　Birds in the "Land Like No Other": Sri Lanka *by Sarath Wimalabandara Kotagama*
114　Ecological Restoration and Nature-based Tourism: Tourism Development at the Mainland Ecosanctuaries, New Zealand *by Zhang Guojie*
122　Research on Scenes Constructing Based on Animal-friendly and Human-friendly Theories: A Case Study on the Overall Positioning and Conceptual Masterplan of the Land of Giant Pandas, Chengdu *by Shi Ying, Wang Yanning, Wang Xin, Zheng ke, Wang Yichen*

134　**Wildlife Tourism in National Parks: Conservation, Exploitation and Management**

136　Piloting National Parks in China: Case Study of Sanjiangyuan National Park *by Wu Yufang, Zhong Linsheng, Wang Lingen*
144　Development and Management of Wildlife Tourism Products in National Parks: Case Study of Yellowstone National Park *by Zheng Yaxin*
152　Application and Experience of VAMP Framework on Managing National Parks beyond China *by Xu Linlin, Cong Li*

Wildlife Tourism

北京大学城市与环境学院
旅游研究与规划中心　主编
中国建筑工业出版社　出版

肯尼亚马赛马拉野生动物保护区

野生动物旅游：概念、发展与战略
Wildlife Tourism: Concept, Development and Strategy

丛 丽　　基于文献计量学分析的近 30 年我国野生动物旅游研究进展述评

崔庆明　　野生动物旅游开发的空间矛盾

李 蓓　刘原原　祝 文　　野生动物园土地综合利用发展路径与业态创新：以济南野生动物园为例

Michael Rodock/摄

基于文献计量学分析的近30年我国野生动物旅游研究进展述评
30 Years Research Progress of Wildlife Tourism in China: A Bibliometric Analysis

文 / 丛 丽

【摘 要】

野生动物旅游活动已吸引了越来越多的人关注和参与其中,然而中国对该领域的研究涉足尚少。本文通过对资源消费型、半资源消费型、非资源消费型和基础研究四个部分进行综述,发现国内野生动物旅游研究较多关注产业现象描述,缺乏对旅游者的关注,基础理论研究严重不足,研究方法缺乏创新。建议未来的研究应建立以旅游体验—物种保护—目的地可持续发展为核心的研究框架。

【关键词】

野生动物旅游;非资源消费型;文献计量学

【作者简介】

丛 丽 北京林业大学园林学院旅游管理系副教授

1 导言

广义的野生动物旅游是以非家养的野生动物为对象的旅游活动，包括观鸟、观鲸，参观动物园和水族馆，观赏水下生命的潜水、狩猎以及休闲性垂钓等一系列活动，既可发生在自然环境中亦可在圈养环境中[1]。狭义的野生动物旅游是指将野生动物作为出游的唯一资源吸引要素，旅游者可以通过一系列非资源消费的方式来欣赏野生动物，如观察、喂食、摄影以及触摸等[2,3]。两种含义虽然界定范围不同，但是学者们共同认为野生动物旅游是人们为了解野生动物而决定的出游，其旅游行为应该对环境有益[4,5]。达夫（Duffus）和迪尔登（Dearden）把野生动物旅游分为三类：一是资源消费型的，例如狩猎和钓鱼；二是低资源消费型的，例如动物园、蝴蝶馆、水族馆等；三是非资源消费型的，如观鸟、海洋观鲸鱼和海豚等。判断和划分标准是旅游者是否有主观故意把野生动物从原栖息地杀死或移走[6]。此外，奥兰姆斯（Orams）依据人与野生动物接触活动发生的场所类型把野生动物旅游活动分为野外生境、半圈养生境和圈养生境[7]。据估计，全球每年有1200万次野生动物旅行，并且会以大约每年10%的速度增长，对全球的经济贡献可多达1550亿美元[8]。快速增长的野生动物旅游活动吸引了很多学者的关注和深入讨论[9-18]。在过去30年中，国内学者已经对野生动物旅游现象和产业发展进行了一定的关注，然而迄今还未有对国内学者研究进展的综述，由此引发一些问题——迄今该领域共发表的文章数量是多少？中国野生动物旅游研究的特征是什么？哪些机构和学者在该领域成果较多？中国的野生动物旅游与外国相比有哪些差距？本文期望解答上述问题，从而可以促进人们对该领域深入了解，增进对野生动物旅游的认识，促进学术交流，从而更好地引导中国的野生动物旅游的可持续发展。

野生动物旅游的分类及主要类型活动如图1所示。

2 方法

本文以中国知网作为信息统计源，以文献计量法，依据广义野生动物旅游含义，分别以"野生动物旅游""动物园旅游""狩猎旅游""垂钓旅游"，以及"鸟语林""水族馆""大熊猫""大象""麋鹿""东北虎""猴子""观鸟""昆虫""海豚"和"观

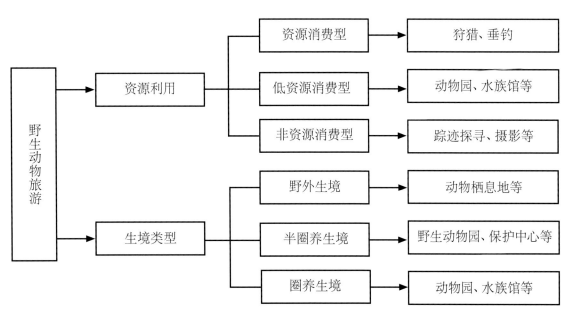

图1 野生动物旅游分类
资料来源：在Duffus&Dearden, 1990；Orams,2000文献基础上整理绘制

鲸"等分别与"旅游"为主题词进行联合检索[19,20]，搜索了1992—2018年的所有载文。把所下载的文献导进NoteExpress文献管理软件，剔除重复文献，最后共得到271篇野生动物旅游文献。然后把这些文献逐一按照题目、作者、出版年、文献来源、关键词、内容类型、案例地、实证物种和摘要等条目整理到Excel文件中，汇成本文分析的数据库基础。

3 文献计量分析

3.1 文献年谱分析

在搜集的271篇文献中，最早的文献记录始于20世纪90年代初，是在经历了10年左右的零星探索研究阶段之后。2005年左右，出现了跳跃式发展，研究数量逐渐增多。早期关注野生动物旅游的学者大多来自于动物学和生态学领域，国内旅游学者首次对野生动物旅游的关注较晚，始于2004年中山大学教授徐洪罡题为《非资源消费型野生动物旅游若干问题研究》[21]，由此揭开中国旅游学者对野生动物旅游活动关注的序幕。2005年，年总文献数量增至20篇，并且呈现增长趋势；2008年文献数量最多，达到34篇。从中国期刊网的学术趋势统计数据来看，国内对野生动物旅游的学术关注度呈逐年上升但又有波动的态势(图2)。

3.2 文献来源

在271篇文献中，包括193篇期刊文章、70篇硕/博士论文以及8篇会议论文(图3)。在193篇期刊文献中，约有2/3的文章发表在非核心期刊[22]。只有约1/3(55篇文献)共发表在34种核心刊物上。70篇硕/博士论文分别来自27所高校和研究机构，其中博士论文12篇，硕士论文58篇。

3.3 内容类型

在271篇文献中，其中32篇文献为资源消费型野生动物旅游，73篇为半资源消费型野生动物旅游，非资源消费型野生动物旅游赢得最多关注，文献数量为121篇，其比例大约为1∶2∶3。除了以上三种类型，共有45篇文献没有限定特种类型野生动物旅游研究。每种类型的研究年分布情况如图4所示。总体上，半资源消费型野生动物旅游和非资源消费型野生动物在2005年后增长较快，而野生动物旅游总体研究和消费型野生动物旅游的文献年总量变化不大。关于野生动物旅游的基础研究逐渐增加。

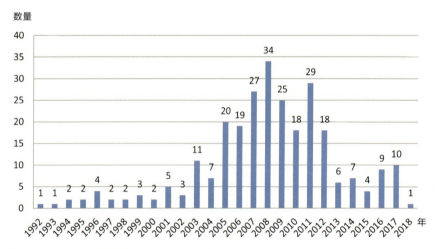

图2 1992—2018年 国内野生动物旅游研究年谱分析

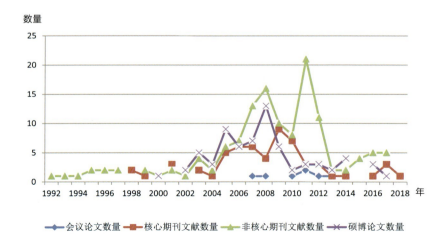

图3 1992—2018年 国内野生动物旅游研究文献来源

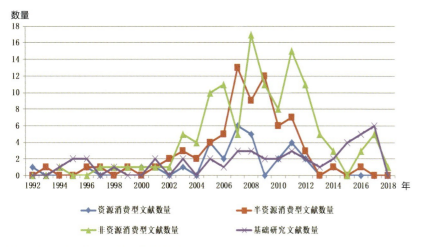

图4 1992—2018年国内野生动物旅游研究内容

表1 发文数量排名前十的科研单位

单位	文章数（篇）	百分比
东北林业大学	43	15.87%
北京林业大学	32	11.81%
中国科学院	15	5.54%
成都理工大学	7	2.58%
四川师范大学	6	2.21%
南京师范大学	5	1.85%
北京大学	5	1.85%
西南林业大学	4	1.48%
四川大学	4	1.48%
华东师范大学	4	1.48%

表2 发文数量排名前十的作者及所属单位

序号	作者	所属单位	文章数（篇）
1	马建章	东北林业大学	6
1	程鲲	东北林业大学	6
3	丛丽	北京林业大学	5
3	吴必虎	北京大学	5
3	王红英	北京林业大学	5
3	刘妍	四川大学	5
7	蒋志刚	中国科学院	4
7	俞肇元	南京师范大学	4
7	袁林旺	南京师范大学	4
7	邹红菲	东北林业大学	4

3.4 学者和科研单位的学术贡献

271篇文献共来自135家大专院校和科研单位，其中排名前十的学校和科研单位共发表125篇文献，占文献总量的46.1%，只有3所院校和科研单位的文献总量超过10篇。其中东北林业大学共发表43篇文献，排名第一（占15.87%）；北京林业大学共发表32篇，排名第二（占11.81%），中国科学院共发表15篇，排名第三（占5.54%）（表1）。

在271篇文献中共涉及472位作者，569人次，其中共有231位第一作者。依据对第一作者发文数量和所有作者发文数量进行统计分析，排名前十的作者及所属单位如表2所示。高生产力作者中，其中有3位（共16篇文献）来自东北林业大学，北京林业大学和南京师范大学各有两位学者。来自东北林业大学的马建章和程鲲合作完成6篇相关文章，此外，北京林业大学的丛丽和北京大学的吴必虎合作完成5篇文章，四川大学的刘妍和中国科学院的蒋志刚、南京师范大学的俞肇元和袁林旺、东北林业大学的邹红菲均有4篇文章发表。依据普赖斯定律，计算$N_{max}=6$，$N_1=1.84$，即发文两篇以上的作者即可成为核心作者。

3.5 研究区域

其中有120篇文献涉及22个省市自治区。很多研究集中于野生动物资源丰富或旅游需求集中的四川（26篇）、黑龙江（15篇）、江苏（12篇）、北京（9篇）以及云南（8篇）（表3）。西南和东北的省份相比其他区域要多。其中有15篇文献关于外国野生动物旅游经验介绍，涉及8个国家和地区，包括美国(3篇)、澳大利亚(2篇)、德国(2篇)、俄罗斯(2篇)、日本(2篇)、匈牙利(2篇)、肯尼亚(1篇)，以及南非(1篇)。

3.6 研究物种

共有约1/3的文献(75篇)涉及共9个物种(表4)。大熊猫旅游和观鸟旅游远远超过其他物种旅游。大熊猫旅游文献30篇，观鸟旅游27篇。其他7个物种，文献数量都不多于6篇。野猪、大象和蝴蝶仅出现1次，麋鹿6次，猴子5次，老虎和鲸鱼各2次。

4 研究进展

4.1 非资源消费型野生动物旅游

近年来，非消费型野生动物旅游迅速增长[23]，受到多数决策者和游客鼓励，被认为符合可持续发展和生态旅游的根本原则[24]。这种旅游形式的发展在国外受到较多的学术关注。而中国包括观鸟旅游在内的以野生动物为对象的休闲旅游规模较小，还处于旅游发展的探索和导入期，其所产生的经济、社会和生态影响较小[25]。国内关于非资源消费型野生动物旅游的研究则刚刚起步，综述文献，大多数研究都是基于生态学和动物学学科背景，主要集中于以下方面：在野生动物资源调查基础上，对野生动物旅游产品开发和以某种野生动物为例分析以该物种为基础的野生动物旅游发展现状及对策[26-30]。总体上看，缺乏对旅游者的深度调查分析。

随着旅游需求的增加，野生动物旅游产品供给在不断扩大。目前我国开展的野生动物旅游、哺乳动物观光游中，大熊猫[31-34]、亚洲象[35]、麋鹿[36-39]，以滇金丝猴为主的灵长类旅游等[40,41]，以及以蝴蝶为主的昆虫旅游[42,43]和以丹顶鹤为主的观鸟旅游发展迅速[44-47](图5)。野生动物旅游产品主要分布在自然保护区和湿地，动物有野生的和人工饲养的，可满足不同层次游客的需求。

少数文献对野生动物旅游的游憩价值进行了定量评估，对目的地及野生动物的影响进行了分析。野生动物游憩价值评估方法主要有条件价值评估法 CVM[48,49]、旅行费用支出法[50-52]、模糊数学[53]等。以旅行费用法计算的大熊猫价值为例，其主导价值包括商业价值、游憩价值、教育价值、非利用价值、生物多样性价值、文化美学价值和科学研究价值，经过定量计算，2007年我国平均每只大熊猫的价值是1.9564亿元，其中游憩价值(1257.7万元)占的比重最大[54]。孙婉莹和崔国发建立了自然保护区野生动物旅游资源价值定量评价的指标体系(包括科研宣教价值、观赏价值、可开发利用价值3项共7个指标)，确定了影响自然保护区野生动物旅游资源价值的各因子权重，并据此建立了自然保护区野生动物旅游资源综合评价模型[55]。

表3 文献数量排名前十的案例地

区域	数量
四川	26
黑龙江	15
江苏	12
北京	9
云南	8
陕西	6
辽宁	5
福建	3
江苏	3
安徽	2

表4 涉及的案例物种

物种	数量
大熊猫	30
鸟类	27
麋鹿	6
猴	5
老虎	2
鲸鱼	2
野猪	1
大象	1
蝴蝶	1

图5 杭州西溪湿地观鸟旅游　　俞肖剑/摄

赏观鸟地的美丽风景,是北京观鸟出游者最为重要的三项动机[66]。在非资源消费型野生动物旅游中,国内针对旅游的研究较深入的当属南京师范大学,运用Tramo/Seats方法小波分析等对生态旅游区旅游流的时空特征进行了分析,并用多种数学方法构建模型预测游客数量[67,68]。北京林业大学丛丽和北京大学吴必虎以国外澳大利亚海豚旅游为例,分析了野生动物旅游风险感知、环境态度和场所涉入特征以及人口学特征的差异性[69-71]。

4.2 半资源消费型野生动物旅游

共搜集到73篇关于半资源消费型野生动物旅游的文献。综述文献后发现,主要研究领域为产业现状描述[72,73]、产品的开发[74]、问题分析[75]、旅游可持续发展对策[76]。

半资源消费型野生动物旅游的典型代表是动物园。动物园主要包括三种类型:城市动物园、野生动物园和专业性动物园[77]。其中专业性动物园包括水族馆、东北虎林园以及鸟语林。

20世纪90年代,我国曾出现建设野生动物园的高潮。1993年,全国首家野生动物园在深圳开业,到2011年,上海、番禺、武汉、合肥、济南、北京、秦皇岛共建成30家野生动物园,如海洋馆、鳄鱼馆、猴山、百鸟园等[78]。随着环境运动的深入,半消费型的旅游产品会逐渐失去市场。受世界环境运动,特别是争取动物权力运动的影响,野生动物旅游产品的形式发生了显著的变化,海豚馆的形式受到挑战,海豚旅游产品逐渐从海豚馆、动物园过渡到野生海

野生动物旅游活动的开展不仅影响了野生动物原有的生活方式,而且影响了它们的行为活动,主要表现在以下方面:影响野生动物的活动范围及其繁殖行为,使野生动物受到惊吓,影响野生动物取食行为[56]。如果没有有效的管理措施,野生动物旅游将导致野生动物种群、栖息地改变。密歇根大学渔业和野生动物系刘建国教授等对卧龙自然保护区进行调查,认为每年5万人的旅游活动是造成保护区内大熊猫种群减少的主要原因之一[57,58]。李进华对安徽黄山鱼鳞坑短尾猴群进行比较研究,结果表明,由于在人工投喂方式、人为地限制猴群活动范围以及游人观猴行为等方面的管理措施存在弊病,该猴群数量增长减慢、婴猴的死亡率增加、雄性的换群频率下降,加快了猴群的分群和出现某些变态行为[59]。周学红(2009)对朱鹮游荡期对游客干扰的耐受性进行研究,结果表明,朱鹮对游客干扰表现出一定的适应性。此外,干扰者的衣着颜色是影响朱鹮对人类干扰耐受性的主要因子,朱鹮对鲜艳衣物敏感,朱鹮最小接近区域的面积为4700m²,因此该区域范围内应限制游客进入,并禁止游客穿着鲜艳衣物进入自然保护区[60]。野生动物旅游对野生动物的栖息地有重大的影响,主要表现在以下四个方面:森林火灾隐患增加、植被受到破坏、栖息地破碎化加剧、生态环境受到污染[61]。

基于产品需求的视角对旅游者进行研究,部分文献分析了游客的人口学特征及行为特征[62-64]。北京观鸟旅游者以中、青年旅游者为主体,普遍具有较高的受教育程度和旅游素养,男性游客的数量略高于女性游客,男性游客年龄分布较为广泛,女性则以中青年为主[65],收入水平位于中低档水平。亲近、了解自然,拓展知识面、增长见识,丰富生活、欣

图6 成都大熊猫繁育研究基地　　　　长亨暮/摄

豚观光游。在我国，这种趋势也正在缓慢地呈现，公众、新闻媒体增加了对野生动物园的批评。很多野生动物园生命周期短，经营状况差，有的已经在考虑转型。长期以来，动物园持续发展面临两个问题的困扰——商业可行性和动物伦理诚信。以保护和繁育基地为代表的第三代动物园成为集野生动物保护、科学研究和游憩机会于一体的新型野生动物旅游目的地，典型代表是四川大熊猫繁育与养殖基地（图6），游客的体验需求得到一定程度的满足[79]。

教育是动物园的一个重要任务和功能，动物观赏是动物园教育的基础和重要组成部分。影响游客观赏时间的主要因素有展馆特征，包括展馆大小、视觉障碍、多样性、动物距离、可见度、步行距离、拥挤度；动物特征，包括动物活跃程度、大小和幼崽有无以及游客团体大小、阅读解说牌和温度。游客在不同动物种类展馆中表现出的行为差异很大，这些行为包括召唤动物、阅读解说牌和投喂食物[80]。游客的需求对于规划、设计和改进景区的解说系统具有重要的意义。周洋从游客的角度出发，将北京动物园、麋鹿苑和扎龙自然保护区三个不同类型的动物展示类景区作为研究区域，从人口统计学特征、游览特征、解说使用、解说需求及解说效果五个方面入手，研究游客对解说媒体的需求情况[81]。田秀华等（2007）调查了我国60家动物园的保护教育情况，对游客受教育途径、效果及意愿等进行调查。结果显示，受教育途径选择阅读动物说明牌所占比例最高，除此之外依次为观察动物、同伴或其他游客、动物园工作人员、科普教育馆及其他途径；游客在游园后认识更多动物比例最高，其他依次为了解动物行为方式、认识到保护动物的重要性。除游客行为的涉猎外，个别学者还对野生动物旅游者动机和满意度进行了实证分析[82]。研究发现，旅游者来熊猫基地旅游获得的满足感是多维的，既来自于参观大熊猫，了解大熊猫的习性和繁衍知识，也来自于体验熊猫基地良好的生态环境、气候条件及管理等多方面的辅助条件[83]。

对于动物园的可持续发展策略，不同的学者侧重不同。赵英杰（2009）构建了一套动物园野生动物福利评价体系，包括野生动物福利模型的构建、指标体系、权重计算方法等，开创了我国动物园野生动物福利评价研究的先例[84]。刘妍（2007）在理论上提出了保护性旅游开发和大熊猫生态旅游的概念，指出保护性旅游开发是成都大熊猫繁育研究基地实现可持续发展的必然选择。资源保护理论和体验经济学理论同时应用于该景区，提出了研究区的功能区划、形象提升、产品优化、景观优化、资源保护和环保教育六大方面的保护性旅游开发措施[85]。杨秀梅、李枫（2008）基于满足游客需求视角，结合资源经济学的可持续发展观和体验经济学的旅游体验论，提出了以资源保护为首要目的，通过加强参与性与提高科普教育功能的手段吸引游客的可持续发展对策[86]。

游客对于圈养野生动物的干扰和影响是不容忽视的。吕慎金等（2008）研究了不同游客密度条件下麂鹿日行为时间分配,并探讨了游客密度对麂鹿日活动的影响。结果表明:在游客高峰期与低峰期,雄性取食、观望行为,雌性观望以及幼鹿取食、观望和修饰行为之间均存在显著差异($P < 0.105$)[87]。现长期处于圈养状态下的大熊猫对游客的干扰行为仍出现了一定的应激性[88]。减少游客对野生动物的干扰和影响是实现动物保护和动物园可持续发展的必要策略。

4.3 资源消费型野生动物旅游

共收集到31篇关于资源消费型野生动物旅游的文章,包括狩猎和垂钓。综述过程中,发现研究主要集中于国外狩猎发展经验介绍[89-91]以及我国狩猎旅游发展的现状,并提出了狩猎旅游发展的策略[92-96]。

猎取本国不曾有的狩猎对象或为获得有价值的狩猎纪念物,从事这项活动的人们除了狩猎之外,还能尽情欣赏当地美丽的自然风光、名胜古迹以及拍照留念,从中得到最大的乐趣和良好的感受,这种活动就叫狩猎旅游[97]。狩猎活动在中国一直存在,但真正意义上的狩猎旅游发展只有26年,起步比较晚,尚属于初级阶段。从发展前景来看,中国狩猎旅游资源丰富,发展前景好。近几年发展较快,1985年建立了第一个狩猎场——桃盖山狩猎场,2005年只有25家狩猎场,到2009年已经建立了112个狩猎场[98]。从1984年到2005年底,中国国际狩猎旅游一共接待国际猎人1101人次,狩猎野生动物总数1347头,狩猎收入3639万美元[99]。中国狩猎旅游受外部环境影响很大。2003年的"非典"疫情使狩猎旅游几乎跌到零点,2006国际狩猎动物限额拍卖会迫于舆论压力而流拍后,狩猎旅游和娱乐基本上没有开展,以后开展的可能性也很小。由此引发学者对野生动物狩猎在国内开展的可行性研究[100,101]。高学斌等(2006)介绍了陕西省11个正式运营或正在建设的狩猎场的分布、自然概况、主要狩猎动物种类和狩猎经营发展现状,分析了这些狩猎场在建设和运营期间积累的经验和存在的问题[102]。暨诚欣(2007)通过对我国近几年来运动狩猎的收益情况及运动狩猎的经营特点进行分析,揭示了运动狩猎的巨大经济效益,认为只要管理得当,在我国适当开展运动狩猎会带来良好的生态效益和经济效益[103]。美国经济学家罗伯特·戴维斯(Robert K.Davis)(1963)首次把意愿调查价值法(Contingent Valuation Method, CVM)思想应用到狩猎娱乐价值评估实践中,并且以旅行费用法对其测算结果作了检验和比较研究。此后,学术界开始大量出现CVM理论与应用方面的资料。目前,CVM在评估野生动物资源的游憩、生态、存在价值中得到了广泛的应用[104,105]。

相对狩猎旅游,垂钓旅游文献数量十分有限,仅有8篇,研究角度不尽相同。有限的文献主要集中于现状分析、资源分类和开发评价、价值评估以及游客动机研究。休闲渔业在我国内地的兴起时间是20世纪90年代初[106]。淡水钓鱼的总体规模大、影响广,北京市郊、河北廊坊、辽宁大连、福建漳州及四川等地都有较大规模的淡水钓鱼旅游产品(图7)。但是钓鱼旅游产品的经营未成规模。海洋休闲渔业刚刚起步,开展较好的地区有青岛、珠海等地。从发展潜力来看,淡水和海洋休闲渔业都将有很大的发展空间[107]。休闲渔业是指以特定的地域(海洋、江河、湖泊、水库、水族馆等)和特定的对象(海洋、淡水生物包括观赏鱼、渔业文化古迹、渔村风光等)为中心,能对休闲消费者产生吸引力,激发休闲消费者的出游动机,具备一定的休闲功能和价值、满足现代人休闲需要,并与渔业活动密切相关,可以为休闲渔业开发利用,能产生经济、社会和环境效益的自然资源、人文资源及社会现象的总和[108]。早在1996年,我国学者于洪贤等即对游钓渔业进行了关注,分析了我国游钓资源的开发利用和保护状况,并对我国游钓渔业的发展前景提出了构想[109]。国内休闲渔业旅游研究中,杜颖(2008)首次利用统计方法深入分析游客动机和游客分类,将北京市休闲渔业游客动机分为五大类——自我价值实现型动机、外出型动机、放松身心型动机、社会交际型动机、参与渔业活动型动机,并对每一类型进行了详细分析与定位。数据分析表明,仅有一部分游客的出游动机是为了参与休闲渔业活动,其他则为增加人生阅历、放松身心、社交需要、外出等[110]。卢飞(2009)从美国顾客满意度指数(ACSI)模型出发构建休闲渔业游客满意度研究模型,由回归分析得出当地渔民的友好程度、景区的游客容量、海上活动的安全性、特色餐饮的提供、鱼的种类5个变量[111]。在游客满意度判断中起显著作用的是基于休闲渔业资源价值评估方法的研究,重点是要解决休闲渔业资源的价值以及休闲渔业资源价值的评估方法[112]。通过对休闲渔业资源特性及开发的综合分析和归纳,柴寿生(2008)将影响区域休闲渔业开发的众多因素确定为3个大类(资源价值、景区环境和开发条件),然后进一步分解为11个亚类,最后又将部分亚类进一步分解出11个小类,构建出区域休闲渔业开发评价模型树[113]。

4.4 野生动物旅游基础理论研究

我国学者对以野生动物资源为对象的旅游研究涉猎比较少,目前还处于研究的初级阶段,大量的研究都是从宏观的生态旅游的视角出发,单独针对野生动物旅游的研究目前还无法与国外的研究程度相提并论。有限的研究成果多局限于动物学、生态学界关于旅游对野生动物及其环境影响方面,缺乏独立系统的对旅游理论和实践的研究。野生动物旅游作为一个单独的领域引起学者关注始于2004年,中山大学教授徐红罡发表《中国非消费型野生动物旅游若干问题研究》一文,野生动物旅游作为一个专有名词首次出现在文章题目中。丛丽和高科分别于2012年对国外野生动物旅游研究进行系统的综述,第一次把国外野生动物旅游研究的概况和框架呈现给国内学者[114-116]。

徐红罡总结了中国非资源消费型野生动物旅游发展存在的问题,包括对资源状况不了解,对野生动物旅游不重视,目前中国不能为游客提供满意的产品,缺少对动物行为及生境的理解[117]。同时指出提高游客体验和控制旅游的环境影响是野生动物旅游产品可持续发展的关键,

图7 在嘉陵江垂钓的重庆市民　　　　李川邑/摄

而缺乏对人与动物行为互动的科学理解是导致野生动物旅游问题的主要原因[118]。严格意义上的非资源消费型野生动物旅游是不存在的。中国非资源消费型野生动物旅游通常发生在野生动物类型的自然保护区内[119]。野生动物旅游资源的监测情况描述了目前所开展的监测范围、方法以及工具,并对监测路线的走向作了详细说明,为该自然保护区开展野生动物旅游提供了夯实的调研基础。

野生动物旅游产品可分为观赏型、参与型、工艺品型、食用型和药用型5种表现形式。以野生动物为基础的旅游活动类型、范围、强度、时空分布等是影响对野生动物干扰大小的主要因素。旅游对野生动物的影响包括直接影响(个体的行为反应和生理指标改变、繁殖力降低、种群分布和物种组成的改变等)和间接影响(生境破坏、外来种散布和环境污染等)[120]。国内学者对旅游活动的影响也进行了实证研究,研究结论较一致,负面影响不容忽视[121,122]。

国外对野生动物旅游的研究中,社区居民的参与是非常重要的一个话题[123]。而在国内文献中,仅有唐承财以西藏申扎县野生动物旅游发展为例,提出野生动物旅游社区参与发展的理念和原则,从管理经营、资源环境保护、产品生态化开发、利益合理分配四方面构建申扎县野生动物旅游的社区参与模式,并探讨其保障机制[124]。

5 结论与讨论

5.1 结论

研究发现,我国野生动物旅游在研究内容上已经形成一定的基础和成果,主要具有以下特点。

随着经济发展和社会进步,人们的环境意识和回归自然的愿望日益强烈,相关研究也日渐兴盛。基于文献计量学统计分析和综述可以看出,我国在该领域的研究尚少,仅

有的成果也多限于动物学界、生态学界关于旅游对野生动物及其环境影响的研究[125]，研究成果主要集中于以下几个方面：

国内学者运用野生动物资源调查技术，充分了解野生动物行为特征和生境分布。少数学者对野生动物旅游活动影响的分析，实证了物种对游客活动干扰的耐受性和适应性，这为旅游活动的开展提供了资源前提。

部分文献分析了非资源消费型野生动物旅游游客的人口学特征及行为特征。亲近、了解自然，拓展知识面、增长见识，丰富生活、欣赏观鸟地的美丽风景是北京观鸟出游者最为重要的三项动机。在非资源消费型野生动物旅游中，国内针对旅游的研究较深入的当属对生态旅游区旅游流的时空特征分析，并用多种数学方法构建模型预测游客数量。

学者对半资源消费型野生动物旅游的研究集中于产业现状描述、产品开发、问题分析、旅游可持续发展对策等方面。其中个别学者探讨了不同游客密度条件下野生动物行为时间分配。

资源消费型野生动物旅游，包括狩猎和垂钓。国内狩猎旅游研究主要集中于国外狩猎发展经验介绍，以及我国狩猎旅游发展的可行性探讨，并提出了狩猎旅游发展的策略。研究角度不尽相同。垂钓旅游研究主要集中于现状分析、资源分类和开发评价、价值评估以及游客动机分析。

5.2 讨论

综述过程中发现，虽然研究数量和内容都逐渐丰富，但是基础理论研究严重不足，大量的研究也都还处于初期阶段，核心期刊文章收录比例偏低，高生产力作者偏少，针对某一个领域的持续研究匮乏，很多研究处在探索阶段，野生动物旅游基础理论研究匮乏，旅游学术界的研究贡献很少，对非资源消费型野生动物旅游现象和产业关注较少。大多研究集中于对旅游产业现象的描述，而对旅游者的实证研究较少。国外学者在此方面的研究起步早、涉入学科多，研究成果主要集中在游客体验、野生动物旅游影响分析以及目的地发展与管理等方面，基本确立了以"游客体验—物种保护—目的地发展"为核心的研究框架，具有明显的环境价值取向特征[126]。未来的研究仍将保持这一趋势，并结合国家公园体制建立的契机，在野生动物游憩需求的时代背景下，要考虑对以野生动物为对象的游憩和教育活动、国家公园内游客行为管理、野生动物旅游的生态影响、游客对不同体验方式的满意度、目的地承载力、旅游发展和野生动物保护的经济价值，以及对社会和教育的影响等方面有所发展和深入。建议未来国内的研究深入对以上问题的探讨。在方法上，可借鉴社会学、人类学、地理学、动物学和数学等学科的研究范式和方法，对野生动物旅游进行解读。

基金项目

本研究受国家自然科学基金项目"中国野生动物栖息地旅游者行为特征及调控机制研究"（编号41601129）和中央高校基本科研业务费专项资金项目资助（编号2015ZCB-YL-04）共同资助，同时受北京林业大学美丽中国人居研究院项目资助。

参考文献

[1] Shackley M. L. Wildlife Tourism[M]. Boston: Cengage Learning Business Press, 1996.

[2] Duffus D. A., Dearden P. Non-consumptive wildlife-oriented recreation: A conceptual framework[J]. Biological Conservation, 1990, 53(3): 213-231.

[3] Orams M. B. Feeding wildlife as a tourism attraction: a review of issues and impacts[J]. Tourism Management, 2002, 23(3): 281-293.

[4] Maclellan L. R. An examination of wildlife tourism as a sustainable form of tourism development in North West Scotland[J]. Tourism Research, 1999, 1(5): 375-387.

[5] Reynolds P. C., Braithwaite D. Towards a conceptual framework for wildlife tourism[J]. Tourism Management, 2001, 22(1): 31-42.

[6] 同[2].

[7] 同[3].

[8] Curtin S. Managing the wildlife tourism experience: the importance of tour leaders[J]. International Journal of Tourism Research, 2010, 12(3): 219-236.

[9] 同[1].

[10] 同[3].

[11] 同[5].

[12] Orams M. B. A conceptual model of tourist-wildlife interaction: the case for education as a management strategy[J]. The Australian Geographer, 1996, 27(1): 39-51.

[13] Rodger K., Moore S. A. Bringing science to wildlife tourism: the influence of managers' and scientists' perceptions[J]. Journal of Ecotourism, 2004, 3(1): 1-19.

[14] Newsome D., Dowling R. K., Moore S. A. Wildlife Tourism[M]. Ontario: Channel View Books, 2005.

[15] Semeniuk C. A. D., Haider W., Cooper A., et al. A linked model of animal ecology and human behavior for the management of wildlife tourism[J]. Ecological Modelling, 2010, 221(22): 2699-2713.

[16] Knight J. The ready – to – view wild monkey[J]. Annals of Tourism Research, 2010, 37(3): 744 – 762.

[17] Curtin S. The self – presentation and self – development of serious wildlife tourists[J]. International Journal of Tourism Research, 2010, 12(1): 17 – 33.

[18] Ballantyne R., Packer J., Falk J. Visitors' learning for environmental sustainability: testing short – and long – term impacts of wildlife tourism experiences using structural equation modelling[J]. Tourism Management, 2011, 32(6): 1243 – 1252.

[19] 同[12].

[20] 同[14].

[21] 徐红罡. 中国非消费型野生动物旅游若干问题研究[J]. 地理与地理信息科学, 2004, 20(2): 83 – 86.

[22] Zhu Q., Dai L., Cai R. Overview of Chinese key journals: 2012 edition[M]. Beijing: Peking University Press, 2012.

[23] 同[4].

[24] Davis R. K. Recreation planning as an economic problem[J]. Nat. Resources J, 1963(3): 239.

[25] 王红英. 以野生动物为对象的休闲旅游影响与评价研究[D]. 北京林业大学, 2008.

[26] 付蓉, 王曼娜, 杨鹍, 等. 洞庭湖观鸟旅游发展现状及对策[J]. 经济地理, 2008, 28(3): 523 – 526.

[27] 王红英, 刘俊昌, 刘细芹. 美国生态观鸟旅游对中国观鸟旅游发展的启示[J]. 林业经济问题, 2008, 28(2): 152 – 155.

[28] 陈亚芹. 浅析盐城自然保护区观鸟生态游的开发[J]. 盐城师范学院学报（人文社会科学版）, 2011, 31(3): 16 – 19.

[29] 张涛, 邓东周, 鄢武先. 大熊猫生态旅游对大熊猫及其栖息地的影响及对策分析[J]. 四川林业科技, 2011, 32(6): 102 – 105.

[30] 廖明旗. 中国观鸟旅游发展现状及对策[J]. 湖南农业大学学报（社会科学版）, 2006, 7(4): 86 – 89.

[31] 张瑞英. 四川省王朗自然保护区生态旅游开发研究[D]. 成都理工大学, 2004.

[32] 刘妍. 成都大熊猫繁育研究基地保护性旅游开发研究[D]. 成都理工大学, 2007.

[33] 刘记. 卧龙自然保护区生态旅游开发研究[D]. 成都理工大学, 2005.

[34] 何方永. 大熊猫生态旅游的泛化与科学发展[J]. 安徽农业科学, 2009, 37(23): 11268 – 11269.

[35] 崔庆明, 徐红罡. 野象的迷思: 野象谷人—象冲突的社会建构分析[J]. 旅游学刊, 2012, 27(5): 49 – 56.

[36] 袁林旺, 俞肇元, 黄震方, 等. 客源地社会、经济要素对生态旅游区游客量的作用机制分析——以盐城麋鹿自然保护区为例[J]. 人文地理, 2007, 22(6): 120 – 123.

[37] 黄震方, 袁林旺, 俞肇元. 盐城麋鹿生态旅游区游客变化特征及预测[J]. 地理学报, 2007, 62(12): 1277 – 1286.

[38] 黄震方, 袁林旺, 俞肇元, 等. 生态旅游区旅游流的时空演变与特征——以盐城麋鹿生态旅游区为例[J]. 地理研究, 2008, 1(27): 55 – 64.

[39] 袁林旺, 俞肇元, 黄震方, 等. 游客变化的多尺度波动特征及作用过程分析——以盐城麋鹿生态旅游区为例[J]. 旅游学刊, 2009, 24(7): 27 – 33.

[40] 李进华. 野生灵长类资源的旅游开发与保护关系探讨[J]. 自然资源学报, 1998, 4(13): 371 – 374.

[41] 余辉亮, 张明海, 杨敬元. 中国灵长类生态旅游开发探讨——以神农架金丝猴生态旅游项目为例[J]. 经济研究导刊, 2011, 30(16): 141 – 144.

[42] 聂绍芳, 于德珍. 论开发昆虫旅游资源[J]. 湖南林业科技, 2001, 28(1): 56 – 58.

[43] 束印, 侯银续, 王金刚, 等. 升金湖保护区蝴蝶产业开发的可行性分析[J]. 安徽农业科学, 2012, 40(6): 3374 – 3378.

[44] 同[27].

[45] 陈晶. 扎龙自然保护区观鸟区春季鸟类群落分析与观鸟旅游线路设计[D]. 东北林业大学, 2005.

[46] 赵衡, 李旭, 周伟, 等. 滇池地区鸟类资源开发与观鸟旅游[J]. 西部林业科学, 2005, 34(4): 115 – 119.

[47] 尤鑫, 戴年华. 鄱阳湖观鸟生态旅游开发与策研究[J]. 江西科学, 2010, 28(6): 866 – 870.

[48] 林英华. 条件价值评估法在野生动物价值评估中的应用[J]. 北华大学学报（自然科学版）, 2001, 2(1): 80 – 83.

[49] 黄晨. 扎龙国家级自然保护区鹤类娱乐观赏和文化价值评估研究[D]. 东北林业大学, 2006.

[50] 施德群. 基于旅行费用法的观鸟游憩价值评估[D]. 北京林业大学, 2010.

[51] 王晶, 杨宝仁. 旅行费用法在北方森林动物园资源价值评估中的应用[J]. 经济师, 2010, 20(7): 64 – 65.

[52] 李跃峰, 李俊梅, 费宇, 等. 用旅行费用法评估樱花对昆明动物园游憩价值的影响[J]. 云南地理环境研究, 2010, 22(1): 88 – 93.

[53] 于洪贤, 王晶. 模糊决策理论在旅游资源综合评价中的应用——以哈尔滨北方森林动物园为例[J]. 东北林业大学学报, 2007, 35(1): 79 – 81.

[54] 韩嵩. 我国野生动物资源价值计量与应用研究[D]. 北京林业大学, 2008.

[55] 孙婉莹, 崔国发. 自然保护区野生动物旅游资源综合价值的定量评价研究[J]. 安徽农业科学, 2012, 40(12): 7192 – 7194.

[56] 同[29].

[57] Liu J., Ouyang Z., Tan Y. Changes in human population structure: implications for biodiversity conservation, population and environment[J]. Interdisciplinary Studies, 1999, 21: 46 – 58.

[58] Liu J., Linderman M., Ouyang Z. Ecological degrandation in protected areas: the case of Wolong nature reserve for giant pandas[J]. Science, 2001, 292: 98 – 101.

[59] 同[40].

[60] 周学红, 蒋琳, 王强, 等. 朱鹮游荡期对人类干扰的耐受性[J]. 生态学报, 2009, 29(10): 5176 – 5184.

[61] 同[29].

[62] 梅玫. 辽宁双台河口国家级自然保护区旅游区鸟类群落调查分析与观鸟旅游管理[D]. 东北林业大学, 2010.

[63] 李玲. 观鸟旅游者行为研究[D]. 北京林业大学, 2009.

[64] 赵金凌, 成升魁, 闵庆文. 基于休闲分类法的生态旅游者行为研究——以观鸟旅游者为例[J]. 热带地理, 2007, 27(3): 284 – 288.

[65] 同[63].

[66] 同[63].

[67] 同[38].

[68] 同[39].

[69] 丛丽,吴必虎,张玉钧,David Newsome. 野生动物旅游场所涉入实证分析:以澳大利亚班布里海豚探索中心为例. 北京大学学报(自然科学版),2017,53(04):715－721.

[70] 丛丽,吴必虎,张玉钧,David Newsome. 非资源消费型野生动物旅游风险感知研究:澳大利亚班布里海豚探索中心实证. 北京大学学报(自然科学版),2017,53(1):179－188.

[71] 丛丽,吴必虎,张玉钧,David Newsome. 非资源消费型野生动物旅游者的环境态度研究——以澳大利亚海豚探索中心为例. 北京大学学报(自然科学版),2016,52(2):295－302.

[72] 何卓. 我国水族馆旅游发展现状与对策研究[D]. 东北林业大学,2006.

[73] 张少青. 森林旅游产品适宜性评价实证分析——以福州国家森林公园鸟语林产品为例[J]. 林业经济,2008,20(4):55－57.

[74] 于洪贤,覃雪波. 哈尔滨北方森林动物园生态旅游开发探讨[J]. 东北林业大学学报,2005,33(6):85－86.

[75] 魏婉红. 我国野生动物园的发展定位思考[D]. 北京林业大学,2006.

[76] 要红. 试论动物园可持续发展的关键因素[J]. 山西财经大学学报,2012,34(4):49.

[77] 罗小红. 我国野生动物园时空分布研究[D]. 西南大学,2011.

[78] 罗小红,杨晓霞,雷丽. 我国野生动物园时空分布研究[J]. 西南师范大学学报(自然科学版),2011,36(3):229－232.

[79] 丛丽,吴必虎. 基于网络文本内容分析的野生动物旅游体验研究——以四川成都大熊猫繁育养殖基地为例. 北京大学学报,2014,50(6):1087－1094.

[80] 程鲲. 动物园游客的观赏和教育效果评价[D]. 东北林业大学,2003.

[81] 周洋. 游客对于动物展示、保护解说媒体的需求研究[D]. 北京林业大学,2009.

[82] 田秀华,张丽烟,高喜凤,等. 中国动物园保护教育现状分析[J]. 野生动物,2007,28(6):33－37.

[83] 唐勇,刘妍. 成都大熊猫繁育研究基地国内旅游者旅游动机实证研究[Z]. 中国浙江杭州,2008,584－587.

[84] 赵英杰. 动物园野生动物福利评价研究[D]. 东北林业大学,2009.

[85] 同[32].

[86] 杨秀梅,李枫. 中国野生动物园发展中的突出问题及可持续发展对策[J]. 野生动物,2008.

[87] 吕慎金,杨林,李文斌,等. 游客密度对动物园中麋鹿行为的影响[J]. 生态学杂志,2008,27(2):223－228.

[88] 崔媛媛,胡德夫,张金国,等. 黄金周游客干扰对圈养大熊猫应激影响初探[J]. 四川动物,2009,28(5):647－651.

[89] 赵殿升. 国外狩猎旅游业[J]. 野生动物,1992,60(2):11－13.

[90] 谢屹,刘洪平,温亚利. 德国狩猎活动管理现状探析[J]. 野生动物杂志,2008,29(5):259－262.

[91] 周洪涛. 俄罗斯远东狩猎旅游资源开发潜力初探[J]. 西伯利亚研究,2012,39(3):22－24.

[92] 王永志. 中国狩猎旅游现状与可持续发展研究[J]. 贵州民族研究,2010,31(6):91－96.

[93] 马鹏. 基于可持续发展观下的我国狩猎旅游发展策略探究[J]. 林业资源管理,2007,16(2):43－46.

[94] 高学斌,雷颖虎,常秀云,等. 陕西省森林旅游狩猎业发展现状及建议[J]. 陕西师范大学学报(自然科学版),2006,34(S1):174－177.

[95] 李维余,武振业. 国际狩猎与生态旅游的关系分析[J]. 世界林业研究,2007,20(5):73－76.

[96] 龚明昊. 中国国际狩猎业发展及市场特征分析[J]. 四川动物,2010,29(4):660－664.

[97] 同[89].

[98] 同[92].

[99] 暨诚欣. 中国运动狩猎业可行性研究[D]. 东北林业大学,2007.

[100] 同[99].

[101] 郑杰. 拍卖国际狩猎动物限额的思考[J]. 青海科技,2006,(6):10－12.

[102] 同[94].

[103] 同[99].

[104] 同[54].

[105] 柴寿升. 休闲渔业开发的理论与实践研究[D]. 中国海洋大学,2008.

[106] 徐争妍. 休闲渔业发展模式及对策研究[D]. 浙江海洋学院,2012.

[107] 同[21].

[108] 陈明宝. 休闲渔业资源的价值及评估研究[D]. 中国海洋大学,2008.

[109] 于洪贤,马建章,柴方营,等. 我国游钓渔业的开发与管理[J]. 野生动物,1996,90(2):3－6.

[110] 杜颖. 北京市休闲渔业游客旅游动机研究[D]. 北京林业大学,2008.

[111] 卢飞. 基于满意度的休闲渔业体验研究[D]. 中国海洋大学,2009.

[112] 同[108].

[113] 同[105].

[114] 丛丽,吴必虎,李炯华. 国外野生动物旅游研究综述. 旅游学刊,2012:27(5):57－65.

[115] 高科. 国外野生动物旅游研究综述[J]. 旅游科学,2011,25(6):75－92.

[116] 高科. 野生动物旅游:概念、类型与研究框架[J]. 生态经济(中文版),2012(6):137－140.

[117] 同[21].

[118] 同[21].

[119] 孙婉莹. 自然保护区野生动物旅游资源评价方法探索[D]. 北京林业大学,2012.

[120] 马建章,程鲲. 自然保护区生态旅游对野生动物的影响[J]. 生态学报,2008,28(6):2818－2827.

[121] 王静,赵雷刚. 佛坪自然保护区生态旅游对野生动物活动影响分析[J]. 陕西林业科技,2011,(4):35－37.

[122] 戴建兵. 临安市农家乐旅游对野生动物的影响研究[D]. 浙江林学院,2008.

[123] 同[114].

[124] 唐承财,向宝惠,钟林生,等. 西藏申扎县野生动物旅游社区参与模式研究[J]. 地理与地理信息科学,2011,27(5):104－108.

[125] 同[120].

[126] 同[114].

野生动物旅游开发的空间矛盾
Spatial Conflict in Developing Wildlife Tourism

文 / 崔庆明

【摘　要】

野生动物旅游开发既需要考虑游客需求，又需要考虑动物保护，而这两个维度通常处于矛盾之中。本研究试图揭示这一矛盾的空间特征。一方面，当旅游活动满足游客需求时，旅游空间设计需要考虑接近性，拉近游客与野生动物之间的距离，甚至提供投喂等亲密的游客—动物互动体验。另一方面，野生动物作为自然遗产，需要保护其完整性和原真性，那么就必然要求游客与动物之间保持距离，以减少旅游活动对动物习性的影响。游客与动物的接近与远离，是野生动物旅游开发必须面对的内在空间矛盾。

【关键词】

野生动物旅游；旅游影响；游客体验；游客-动物互动；空间接近性

【作者简介】

崔庆明　中山大学旅游学院副研究员

注：本文图片均由作者提供。

1 导言

动物是世界上的重要能动者（agent），而社会科学研究包括旅游研究往往忽视对非人动物（nonhuman animals）的关注。在旅游空间中，各种各样的动物扮演多种多样的角色，例如作为食物、役畜、吸引物等，本文主要关注作为旅游吸引物的野生动物。野生动物旅游指以非驯化动物为吸引物的旅游形式，无论动物是在人工圈养环境，还是在自然生境中[1]。它包括多样化的旅游体验，按照旅游活动对动物的影响程度，可大致分为消费型（如狩猎旅游）、半消费型（如动物园旅游）和非消费型（如观鲸）[2,3]。本文将主要探讨非消费型野生动物旅游开发所内含的基本矛盾。

野生动物旅游是全球自然旅游的重要分支活动，对世界经济、社会和环境的可持续发展具有重要作用[4]。这种旅游活动对现代都市居民具有很大吸引力，并能够创造极大的市场价值。例如2016年美国有8600万游客参与了野生动物观赏活动，花费大约750亿美元[5]。非消费型野生动物旅游大多发生在保护区周边，可以带动周边社区的生计[6-8]。发展野生动物旅游使动物由人类的资源竞争者变为生计来源，在某种程度上可以促进动物保护。旅游带来的经济社会效益也有助于保护野生动物，如非洲有一半的旅游运营商参与或资助反盗猎活动[9]。

中国野生动物资源丰富，动物多样性位列世界第8[10]。发展野生动物旅游在野生动物保护和利用方面有着巨大的作用和潜力。但是，我国学界对野生动物旅游的研究相对缺乏，对旅游在野生动物保护方面的经济、社会和环境正面与负面影响了解不足[11,12]。适当地权衡旅游发展带来的利弊是走向野生动物旅游可持续发展的关键。

雷诺兹（Reynolds）和布雷思韦特（Braithwaite）提出一个野生动物旅游概念框架，认为游客满意度和对野生动物的影响两者共同决定了野生动物旅游的可持续发展[13]。人和动物是野生动物旅游的两个基本维度[14]，这两个维度常常处于矛盾之中——当充分满足游客需求时，动物习性会受到影响；当确保旅游活动对动物无影响时，游客体验质量又会不高。本文将揭示野生动物旅游开发所内含矛盾的空间特征，并结合国内外野生动物旅游案例进行说明，为中国野生动物旅游可持续发展的规划与设计提供参考。

2 野生动物的旅游吸引力

在开发野生动物旅游前，首先需要衡量动物本身的潜在旅游吸引力。不同种类的野生动物对游客具有不同的吸引力。总体而言，游客更喜欢独特的、稀有的物种[15]。伍兹（Woods）列出了影响人们喜爱动

表1 影响人们喜爱动物的因素

因素	具体内容
动物体型	大型物种比小型物种更受欢迎
审美	体形、纹理（如毛茸茸的）、颜色和行动等
智力	有感觉、情感和智商的动物更受喜爱
危险性	有危险性的动物不受喜爱
造成财产损失的可能性	对财产有损害可能的动物不受喜爱
食肉倾向	这个因素的影响尚不明确，有食肉倾向和没有食肉倾向的动物都可能受到喜爱
种缘关系	与人类相似的动物更受喜爱
和人类文化历史的关系	在某一区域的文化或历史中具有重要角色的动物在那个区域就会更受欢迎
和人类社会的关系	宠物或者对人类有用的动物更受喜爱，而害虫或凶猛的动物不受喜爱
纹理	在身体结构和外表上类似于人类的更受喜爱
地理变异	跨地理区域的物种可能会受到喜爱也可能不会，具体就哪个物种而言
感知	感知的特征比实际特征更具有影响力

物的因素，包括动物体型、智力、危险性、造成财产损失的可能性、食肉倾向、种缘关系、与人类社会文化历史的关系、身体纹路等（表1）[16]。游客更喜欢体型大的、毛色纹理美丽的、智力高的、危险性低的、与人类社会历史文化关系密切的动物。具有旅游吸引力的野生动物并不需要满足所有条件，满足其中某项条件即可。

动物数量也很重要，多种类型和成群的野生动物能够导致高游客满意度[17]。在游客的感知中，旅游活动发生的空间场景也与体验质量相联系。游客偏爱凝视动物的场景是动物的原生环境，而不是圈养环境[18]。现代社会的生态伦理观念更推崇保障动物福利、尊重动物权利的环境实践。非消费型野生动物旅游下的动物看起来更自由，也更符合现代环境伦理。正如下文将要揭示的，非消费型野生动物旅游对动物同样具有负面影响，且半消费型和消费型野生动物旅游不一定就是环境不友好的（如成都大熊猫繁育基地虽然是人工圈禁繁育熊猫，但对于熊猫种群保护和延续具有非常重要的作用）。但是，在游客的感知中，非消费型野生动物旅游通常被认为比半消费型野生动物旅游具有更高的体验质量[19]，例如去非洲大草原上看狮子比去动物园看狮子更具有吸引力，在海洋馆里看海豚比不上乘船出海看海豚有吸引力。

因此，在能够开发非消费型野生动物旅游的情况下，应尽量少地开发半消费型或者消费型野生动物旅游。而即使是看起来符合现代环境保护观念的非消费型野生动物旅游，也不得不解决人与动物关系在空间上的矛盾。

3 野生动物旅游开发的空间矛盾

3.1 动物可接近性

野生动物旅游成立的基本条件是游客在旅游地能够与野生动物相遇。野生动物旅游者具有看到、接近野生动物的基本需求。野生动物旅游的主要目标游客群体是城市居民。在现代都市空间，人们在日常生活中已经很少有机会能够见到野生动物。旅游地现已成为现代游客与野生动物接触的重要空间[20]。因此，能够亲眼见到野生动物对于游客至关重要。非消费型野生动物旅游通常是"就地"开发，即依托野生动物的栖息地设计旅游活动，而不是将野生动物迁往异地再利用。野生动物旅游的栖息地往往远离城市居住区，游客需要花费较多的时间和金钱成本才能够到达。非消费型野生动物旅游

图1 玛旁雍错边的藏野驴

图2 那曲无人区中的斑头雁

目的地具有低可达性，这使得投入较大成本的游客具有更强的愿望要看到野生动物。

以西藏自治区为例，西藏拥有国家级保护动物125种，约占全国重点保护野生动物种类的1/3。其中全区藏羚羊数量占全球70%以上，黑颈鹤越冬数量占全球80%以上，野牦牛数量占全球75%以上[21]。游客在西藏阿里地区和那曲市旅行时，有机会在路边看到藏野驴（图1）、黄羊、藏羚羊、黑颈鹤、斑头雁（图2）等野生动物。对照表1所列因素，西藏的这些野生动物在珍稀程度和体型审美等方面都具有旅游吸引力。西藏的国际旅游客源地主要是发达国家，如美国、德国、日本、韩国等，欧美是西藏主要入境旅游市场客源地[22]。西藏排名靠前的国内旅游市场客源地是经济发达的省市，如广东省、四川省、北京市、江苏省、浙江省等[23]。西藏的野生动物旅游市场客源也来自于这些国家和区域。对于这些地方的游客来说，进入西藏需要花费较高的经济和时间成本，在专门的野生动物旅游产品中如果不能看到野生动物，游客的满意度和体验质量不会很高。

从目的地尺度来看，开发野生动物旅游是让一个地方的游客向另一个地方的野生动物逐渐靠近并与之相遇的过程。从景区尺度来看，游客也特别注重近距离地观察野生动物、与野生动物互动这类体验[24-26]。博茨瓦纳开发骑象旅游活动，就是为了满足游客与动物亲密接触的需求[27]。成都大熊猫繁育研究基地的游客与熊猫的近距离互动也会提升他们的满意度[28]。同时，游客还希望动物能

图3 西藏黄羊

够有所活动而不是静止不动[29]。观察野生动物时能够进行拍摄，对于游客满意度来说也很重要[30]。与动物的亲密接触能够给游客带来诸多心理益处。与野生动物的邂逅能够使游客体验到神奇、敬畏感、畅爽、感官觉醒、注视沉思出神的体验、精神满足、健康[31]。这种与动物的亲密接触，能够让现代都市人重新与自然取得联系，感受自然，进而热爱自然、保护自然[32]。

空间视角下的野生动物旅游开发，需要缩短游客与野生动物之间的距离。将游客从城市吸引到偏远的野生动物栖息地，再让游客能够近距离地亲眼观赏到野生动物，甚至与动物进行亲密互动。这一开发过程的起点就是要解决动物的可接近性问题。

野生动物往往会规避人类，自然栖息地环境下的绝大多数野生动物具有低可接近性。就地开发的非消费性野生动物旅游，不允许其像野生动物园那样人工圈禁动物。这就使得非消费型野生动物旅游经常会出现一种风险：游客赶到旅游地时看不到，或者看不清楚野生动物，这会影响游客体验质量。笔者在西藏自驾游时看到的黄羊，都站立在离公路很远的地方，背对着公路做好随时逃跑的准备（图3）。藏野驴有着较高的好奇心[33]，但试图走近它们时，藏野驴群也会逃向远方。而且野生动物处于随时流动的状态，这样又更加难以保障游客能够在固定时间和固定地点看到动物。

全世界的野生动物旅游开发都需要解决动物可接近性这一问题。解决这一问题的第一种方法是投喂动物。可以通过长期投喂野生动物将其吸引到固定地点，以便于游客观赏。海南的南湾猴岛景区设在猕猴自然保护区旁边，每天早晨山上的猴子通常会下山到景区，等到下午时分再返回山上[34]。这个景区就是依靠给猴子投食，吸引猴子在固

定时间到来。因为有固定的食物来源，猴子习惯在景区进食，这刚好满足了游客想要看到动物的需求。日本高崎山同样采用这种方式发展猕猴旅游[35]。

第二种方法是在向导的带领下，去追踪处于流动状态的野生动物。这种方法较常用于出海观鲸旅游项目中。苏格兰马尔岛（Isle of Mull）上的托伯莫里镇（Tobermory）提供出海观鲸的旅游服务，游客在向导的带领下，乘坐旅游公司的游船，出海寻找鲸鱼、海豚。托伯莫里的追踪主要依赖人力，有经验的向导通过望远镜在海面上寻找鲸鱼或者海豚，发现后指引船只向鲸鱼或者海豚开去，游客由此能够更近距离地观看（图4）。这种依靠人力追踪的方法也不能够确保一定能够看到某种野生动物。其他一些观鲸旅游公司则通过声呐探测鲸鱼行踪。因为鲸鱼是哺乳动物，需要浮出海面换气，因此锁定鲸鱼大致行踪后，在一定海域范围内，游客总能够看到浮出海面的鲸鱼。例如加拿大魁北克省泰道沙克镇（Tadoussac）的 AML 公司对鲸鱼的追踪就是依靠声呐系统。泰道沙克靠近萨格奈—圣劳伦斯国家海洋公园，该公园是鲸鱼的重要栖息地，从泰道沙克乘船出发一个小时就可以到达海洋公园，再使用声呐追踪鲸鱼，只要海面能见度好，游客几乎总能看到鲸鱼。野生动物的追踪观赏，需要建立在对野生动物习性有充分了解的基础之上，对动物的行为规律了解越多，越能够制定追踪策略，保证游客能够看到野生动物。

第三种方法是"守株待兔"。有一些野生动物本身具有迁徙习性，并

图4　向导手持望远镜追踪海豚

且迁徙路线相对固定。在动物迁徙路线上设计旅游活动，也能够使游客观赏到野生动物。例如，加拿大的坎宁安入口每年有4周时间可以看到白鲸，这4周时间在坎宁安入口就可以开展观鲸旅游；在澳大利亚，每年1月到3月海龟上岸孵化小海龟，在昆士兰的一些沙滩上可以看到海龟孵化过程，如蒙利普斯保护公园里的海滩（Mon Repos Beach）；西双版纳野象谷景区建在一个象塘附近，野象经常出没于此喝水，这也能够让游客看到野象。但这种旅游活动具有季节性，只能够在某些时间段看到野生动物，在某些情况下也依然需要向导指引。

满足游客需求在空间上主要体现为逐渐缩短游客与动物之间的距离，通过多种设计手段解决野生动物低可接近性问题。但是这种空间接近性（spatial proximity）对动物完整性会产生影响。

3.2 对动物的影响

非消费型野生动物旅游中野生动物基本生活在其栖息地环境之中，并且人类活动对动物的生存干预较少。人们一般认为非消费型野生动物旅游比半消费型和消费型野生动物旅游具有更高的体验质量以及更高的动物福利。但是，随着研究的深入，学者发现即使是非消费型野生动物旅游，对野生动物的习性也具有负面影响[36]。

投喂动物会对动物习性产生多重负面影响[37]。长期投食会改变野生动物自然的行为模式和物种数量。因为有充足的食物来源，动物的种群数量会急剧增长，有可能会超出所在栖息地的生态承载力。海南南湾猴岛就因为旅游景区提供充足的

食物来源，猴群数量增长[38]。动物还会因为有食物保障，而花较少时间在觅食上。日本长野县泡温泉的雪猴因为成为旅游景点，有景区投喂，这群猴子比几公里之外的另外一群野猴花较少的时间在觅食上，用在社交、打架的时间上更多。喂食可能会增强动物的依赖性并改变它们的生活习性。觅食是动物的一种基本求生技能，当人类提供了大量的食物时会影响它们觅食技能的发展，会降低动物对自然的适应性，使它们对人类产生依赖。野生动物一般与人类会保持一定的距离以确保自身安全，长期喂食则会使动物习惯于与人类接触，甚至有动物会主动接近人类，如果有人想伤害它们，它们很容易就会陷入较高的危险处境。喂食会增加动物的侵略行为，动物之间为了争抢食物会导致相互之间的伤害，如日本的高崎山[39]。因为习惯游客的存在，并具有越来越强的侵略性，动物还会抢夺游客携带的食物，甚至伤害游客[40]（图5）。喂食还会带来健康问题，不健康食物以及不适当喂食方式会导致动物生病，从而增加动物死亡率。

对动物进行追踪并在较远距离观赏的旅游项目，看起来似乎对动物没有影响，但更为微观的行为研究显示事实并非如此。在海洋环境下观鲸或者观海豚，对动物就会产生微观影响。有一项研究衡量了旅游船只对海豚的影响，将海豚行为分解为社交、觅食、休息、慢慢游动、慢游加其他、游动、快速游动、晃动脑袋，将船只数量作为控制变量研究结果显示，对于小规模的海豚群体来说，当船只数量越来越多时，海豚休息的行为更少。而海豚群规模非常大时，船只数量对海豚的影响减弱[41]。由此，人与海豚的关系可以用船只的数量来量化衡量。另一项研究将企鹅的行为分为躺、警惕、争斗和摇头四种，分别测量不同距离下企鹅这四种行为的变化，将距离作为控制变量。研究结果说明离企鹅越近，企鹅就会变得更为警惕，更为好斗，摇头次数也更多[42]。每一种距离代表着一种人对企鹅的影响程度。所以，即使游客与动物保持一定距离，不给动物投食，与动物之间无互动，无形之中也会对动物产生影响，这种影响是很多游客甚至旅游运营商都不知道的(图6)。

雷诺兹和布雷思韦特总结了这些影响：捕猎／死亡；对栖息地的清除；影响植物的生长，包括改变植物的结构；污染；动物的迁徙；影响动物的生长和繁殖；习性；动物的饮食；

图5 云台山猴子抢夺游客的馒头

图6 苏格兰出海观赏海豚

既有的行为；异常的社会行为；增加的捕猎；动物社区的结构[43]。

对于野生动物旅游开发而言，控制旅游活动对野生动物的影响是一个严峻挑战。景区首先应该做到科学管理。在充分了解旅游活动对动物的潜在影响之后，制定针对性的措施设计旅游活动[44]。例如，了解投食会对动物产生什么影响，在何种距离之下观赏动物最为恰当。其次，还需要做好环境教育，教育游客他们的行为会对动物造成何种影响，提高游客的环境保护意识。但在野生动物旅游中常见游客的越轨行为。无论景区如何做好标识和解说，总是会见到一些游客不恰当地投喂动物。总是会有游客为了满足自己的感性需求，而不理性地思考自己行为的后果。然而，即使杜绝游客的越轨行为，有些景区开发本身就是建立在给动物投食的基础之上的，这样如何科学投食就成为问题。再怎么科学地投喂动物，投食造成动物习性改变也在所难免。如果以严格地保持动物完整性作为标准，仅仅是旅游者的存在也可以被视为对动物的外在干扰，例如观赏动物对动物微观行为的干扰。

减少人对动物的投喂、减少人与动物的亲密互动，尽可能地远距离观赏野生动物，这对于控制旅游影响至关重要。从动物的角度来看，保持游客与动物的空间距离有利于降低对动物的影响，保护动物的完整性，但这又与游客的需求相冲突。

4 结论

在野生动物旅游开发过程中，游客与野生动物之间存在天然的、内在的空间张力。当要满足游客主观需求时，就要拉近游客与野生动物之间的空间距离，甚至提供投喂等亲密的互动体验，难以避免地要改变野生动物的习性。如果将野生动物视作自然遗产，需要保护其完整性和原真性，那么对野生动物的任何改变都不可接受，这就需要拉开游客与动物之间的空间距离。这就是野生动物旅游开发所要面临的空间矛盾。

如果仅仅要保护动物的原真性，最好的方式就是不开发旅游。但是在宏观上，发展旅游不但能够带来社会经济收益，提供就业机会，给当地人带来收益，也能为动物保护事业创造经济来源。野生动物旅游还能够进行公众环境教育，让人们更加了解野生动物及其生存困境，提升大众的环境保护意识。这些方面又都在某种意义上有利于野生动物保护。是否开发野生动物旅游需要综合衡量旅游带来的利弊，而一旦选择将野生动物利用到旅游发展中，就需要解决更加复杂的问题。

基金项目

本文受广东省科技创新战略专项资金（项目编号：2018A030310252）和中山大学高校基本科研业务费（项目编号：18zxxt42）资助。

参考文献

[1] Higginbottom K. Wildlife Tourism: An Introduction [M] //Higginbottom K (Eds.). Wildlife tourism: impacts, management and planting. Australia: Common Ground Publishing Pty Ltd and Cooperative Research Centre for Sustainable Tourism, 2004: 1–11.

[2] Duffuds D. A., Dearden P. Non-consumptive wildlife-oriented recreation: a conceptual framework [J]. Biological Conservation, 1990, 53(3): 213–231.

[3] 徐红罡. 中国非消费型野生动物旅游若干问题研究 [J]. 地理与地理信息科学, 2004, 20(2): 83–86.

[4] World Bank Group. Supporting sustainable livelihoods through wildlife tourism, 2018 [EB/OL]. [2018-10-16] https://openknowledge.worldbank.org/handle/10986/29417.

[5] Kubo T., Mieno T., Kuriyama K. Wildlife viewing: the impact of money-back guarantees [J]. Tourism Management, 2019, 70: 49–55.

[6] Avila-Foucat V. S., Rodriguez-Robayo K. J. Determinants of livelihood diversification: the case wildlife tourism in four coastal communities in Oaxaca, Mexico [J]. Tourism Management, 2018, 69: 223–231.

[7] Stone M. T., Nyaupane G. P. Ecotourism influence on community needs and the functions of protected areas: a systems thinking approach [J]. Journal of Ecotourism, 2017, 16(3): 222–246.

[8] 唐承财, 等. 西藏申扎县野生动物旅游社区参与模式研究 [J]. 地理与地理信息科学, 2011, 27(5): 104–108.

[9] World Tourism Organization. Towards Measuring the Economic Value of Wildlife Watching Tourism in Africa – Briefing Paper, 2015 [EB/OL]. [2018-10-16] http://sdt.unwto.org/content/unwto-briefing-wildlife-watching-tourism-africa.

[10] 马建章, 宗诚. 中国野生动物资源的保护与管理 [J]. 科技导报, 2008, 26(14): 36–39.

[11] 丛丽, 吴必虎, 李炯华. 国外野生动物旅游研究综述 [J]. 旅游学刊, 2012, 27(5): 57–65.

[12] Cong L., Newsome D., Wu B.H., et al. Wildlife tourism in China: a review of the Chinese research literature[J]. Current Issues in Tourism, 2017, 20(11): 1116－1139.

[13] Reynolds P., Beaithwaite D. Towards a conceptual framework for wildlife tourism[J]. Tourism Management, 2001, 22(1): 31－42.

[14] Newsome D., Dowling R. K., Moore S. A. Wildlife Tourism[M]. Clevedon, Buffalo, Toronto: Channel View Publications.

[15] Curtin S. The Self-presentation and self-development of serious wildlife Tourists[J]. International Journal of Tourism Research, 2010, 12(1): 17－33.

[16] Woods B. Beauty and the beast: Preferences for animals in Australia[J]. The Journal of Tourism Studies, 2000, 11(2): 25－35.

[17] Ziegler J., DeardenP., Rollins R. But are tourists satisfied？Importance-performance analysis of the whale shark tourism industry on Isla Holbox, Mexico[J]. Tourism Management, 2012, 33(3): 692－701.

[18] Moscardo G., Saltzer R. Understanding Wildlife Tourism Markets[M]//Higginbottom K. Wildlife Tourism: impacts, management and planting. Australia: Common Ground Publishing Pty Ltd and Cooperative Research Centre for Sustainable Tourism, 2004: 167－183.

[19] Tremblay P. Wildlife tourism consumption: Consumptive or non-consumptive？[J]. International Journal of Tourism Research, 2001, 3(1): 81－86.

[20] Beardsworth A., Bryman A. The wild animal in late modernity: The case of the Disneyization of zoos[J]. Tourist Studies, 2001, 1(1): 83－104.

[21] 胡祖信. 美丽西藏孕育灵性生命[J]. 中国西藏, 2015, 2: 50－53.

[22] 张阿兰, 普布卓玛, 赵智文. 西藏旅游市场需求预测分析[J]. 西藏研究, 2014, 3: 103－111.

[23] 赵剑波, 等. 拉萨市国内旅游客源地时空结构分析[J]. 华中师范大学学报(自然科学版), 2016, 50(5): 777－782.

[24] 同[17].

[25] Newsome D., Hughes M. Jurassic World as a contemporary wildlife tourism theme park allegory[J]. Current Issues in Tourism, 2017, 20(13): 1311－1319.

[26] Verbos R. I., Zajchowski C., et al. 'I'd like to be just a bit closer: wildlife viewing proximity preferences at Denali National Park & Preserve[J]. Journal of Ecotourism, 2017, (2): 409－424.

[27] Duffy R. Interactive elephants: nature, tourism and neoliberalism[J]. Annals of Tourism Research, 2014, 44: 88－101.

[28] Cong L., WU B. H., et al. Analysis of wildlife tourism experiences with endangered species: an exploratory study of encounters with giant pandas in Chengdu, China[J]. Tourism Management, 2014, 40: 300－310.

[29] Catlin J., Jones R. Whale shark tourism at Ningaloo Marine Park: a longitudinal study of wildlife tourism[J]. Tourism Management, 2010, 31(3): 386－394.

[30] 同[17].

[31] Curtin S. Wildlife tourism: the intangible, psychological benefits of human-wildlife encounters[J]. Current Issues in Tourism, 2009, 12(5－6): 451－474.

[32] Curtins S., Kragh G. Wildlife tourism: reconnecting people with nature[J]. Human Dimensions of Wildlife, 2014, 19(6): 545－554.

[33] 乔治·夏勒. 青藏高原上的生灵[M]. 上海: 华东师范大学出版社, 2002.

[34] Cui Q., Xu H., Wall G. A cultural perspective on wildlife tourism in China[J]. Tourism Recreation Research, 2012, 37(1): 27－36.

[35] Knight J. The ready-to-view wild monkey: the convenience principle in Japanese wildlife tourism[J]. Annals of Tourism Research, 2010, 37(3): 744－732.

[36] 同[13].

[37] Orams M. Feeding wildlife as a tourism attraction: a review of issues and impacts[J]. Tourism Management, 2002, 23(2): 281－293.

[38] 江海声, 王骏, 刘振河. 旅游对南湾猕猴种群增长的影响[J]. 兽类学报, 1994, 14(3): 166－171.

[39] 同[35].

[40] 张鹏, 段永江, 等. 海南南湾猴岛景区内猕猴与游客接触行为的研究[J]. 兽类学报, 2018, 38(3): 267－276.

[41] Constantine R., Brunton D. H., Dennis T. Dolphin-watching tour boats change bottlenose dolphin behavior[J]. Biological Conservation, 2004, 117(3): 299－307.

[42] Giese M. Guidelines for people approaching breeding groups of adélie penguins(Pygoscelis adeliae)[J]. Polar Record, 1998, 34(19): 287－292.

[43] 同[13].

[44] Fennell D., Eber K. Tourism and the precautionary principle[J]. Journal of Sustainable Tourism, 2004, 12(6): 461－479.

野生动物园土地综合利用发展路径与业态创新：
以济南野生动物园为例

Innovative Development with Integrated Land Use in Wildlife Zoo: Case Study of Jinan Safari Park

文 / 李 蓓　刘原原　祝 文

【摘　要】

本文以济南野生动物园为研究对象，通过现实特殊条件分析，结合地块综合发展诉求和旅游产品诉求，探讨空间延展路径，以野生动物世界为核心，其他版块围绕它逐阶展开，即从核心景区打造开始，配套项目跟进、产业链条延伸，最终形成综合型发展旅游目的地。在产品创新方面，分别从现有项目改造提升、升维赋能、新增创新项目、设施即景观等方面入手，提出野生动物医院为发展路径并对产品创意营造提出了系列创新想法，塑造济南野生动物园核心吸引力。

【关键词】

野生动物园；土地综合利用；业态；创新

【作者简介】

李　蓓　北京大地乡居旅游发展有限公司副总经理
刘原原　大地风景文旅集团旅游扶贫研究中心主任
祝　文　北京大地乡居旅游发展有限公司项目总监

注：本文图片除标注外均由北京大地风景旅游景观规划设计有限公司提供。

1 导言

济南市原野生动物园——跑马岭野生动物园于1999年建成开放,安全保障较低、可进入性较差、功能拓展有限、运营成本较高、动物福利减弱等问题,严重制约其可持续发展和社会服务功能的承担,具有充分且合理的搬迁必要。在此背景下,项目以济南野生动物园新址为基地,依托现状基础,以相关政策为推动力,以旅游市场为引导,通盘考虑基地及周边地块情况,开展适用于场地综合发展的空间发展规划和创新产品设计。

2 案例地综合现状说明

项目所在地位于山东省济南市章丘埠村镇植物园片区以南,位于济南东端、章丘西侧,西与济南市中心交通距离40 km左右,东与章丘市中心交通距离15 km。场地内主要包含3个主体地块:一是植物园,2006年正式对外开放,发展相对成熟,市民认可度较高,年游客量在50万左右,目前处于提升阶段。现已建成12个植物专类园及植物科普馆、盲人植物园、婚庆园、童乐园、游乐园等特色园区,其开发主体为济南市园林绿化局;二是养生园,具有休闲养生体验、智乐养生体验、仁静养生体验、运动养生体验4个功能区,其中一期580亩建设完成,其他区域仍处于在建阶段,养生园由济南市园林绿化局与神洲天怡旅业发展有限公司合作,各占部分股份;三是野生动物园(野生动物世界),处于在建阶段,笼舍、壕沟、路网等基础配套初步成形,为济南市园林绿化局与投资商共同所有(图1)。

3 功能完善和未来发展视角下野生动物园核心问题及扩展思路

3.1 可持续发展视角下新一代野生动物园需要解决的核心问题

济南野生动物园迁址之时恰是中国旅游发展从单一观光向综合体验践行的主要阶段。第一,需要考虑更新原野生动物园产品单一的观光功能,新野生动物园从除动物观光之外的文化体验、城市休闲、特色购物、动物研学等入手,营造多板块综合性、互补性、组合性的特征;第二,从地块现状条件出发,需要考虑摸索一套项目布局既能满足游客游览

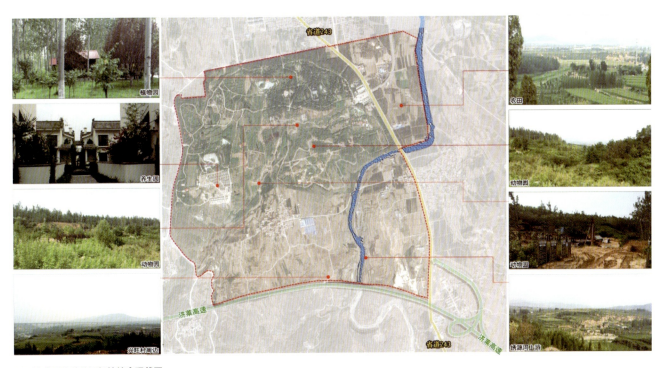

图1 济南野生动物园场地综合现状图

规律,同时将固有的养生园、植物园与野生动物园、服务等内容板块有机组合、相互加持的创新模式;第三,从济南省会城市野生动物园这类城市标配产品发展角度以及运营现实角度考虑,需要考虑预留足够的土地,为以后增量发展留出空间,包括核心区扩展空间、服务空间、配套空间等。基于以上三点核心问题,结合野生动物园土地现状,提出以下用地扩展构想。

3.2 实际运营及综合发展视角下的土地扩展前瞻性思考

3.2.1 从完善功能角度考虑具有向东扩展的必要

济南动物园核心区基础框架成熟,停车场用地所占面积较大,鉴于基地地质结构不稳定,不宜建设地下停车场,故需在野生动物世界外围距离入口较近的地方选址建设停车场。综观基地周边,北面为埠村镇所在地,西侧有两块殡葬用地,S243以东水系以西围合区域与基地核心区一路之隔,地势平坦,流转后可作为基地未来配套地块使用。

3.2.2 从综合发展提档升级角度考虑具有向南扩展的必要

本项目是济南市近期重点旅游项目,是山东省打造旅游强省的重要支撑项目,同时也是未来山东省10个国家级旅游度假区之一。因此,该项目在原有用地基础上考虑扩充,以便符合项目高度的定位和国家硬性指标。参考上文对周边土地现状的分析,基地以南地块地形起伏变化,有水系贯穿,具备旅游用地的先天优质条件;同时,用地性质以一般农田为主,地块内仅有兴旺村的150户左右,便于搬迁安置,南北两地块浑然一体,是一块优质的旅游建设用地。

基于以上两点考虑,近期在原$3.2km^2$基础上向东扩展$0.65km^2$,形成近期$3.85km^2$,即本方案重点策划范围;中期在近期$3.85km^2$的基础上向南扩展$2.42km^2$,中期范围达到$6.27km^2$;远期整合济莱高速以南$2.85km^2$,远期范围达到$9.07km^2$(图2)。

4 基于产品创意和土地综合利用开发的总体解决方案

4.1 从空间、产品、配套、运营四方面厘定诉求

通过以上分析可知,野生动物园需在空间上将多个相对独立的地块合而为一,互为补充形成合力;在产品上需要对禀赋一般的资源进行创意设计,实现产品的提档升级;在配套上,需要具有一定的前瞻性,为配套设施留出充裕的空间以满足未来

原范围(3.2km²)

近期:为本方案策划重点(3.85km²)

中期:总计6.27km²

远期:全区域9.07km²

图2 济南野生动物园土地综合利用发展时序图

旅游服务需求；在运营上，思考合力的组织架构，以实现多方共赢。基于以上四个方面的考虑，对本方案进行了以下规划设计。

4.2 基于野生动物保护与自然教育为目标的总体定位

本项目明确的方向为野生动物世界明确的核心统领地位，以及围绕其未来发展方向形成多种配套业态的总体趋势，在保护野生动物、实现科普自然教育的前提下，形成以野生动物世界为引领，集休闲、娱乐、商业、度假、居住等功能于一体的，以创意、欢乐、时尚、健康等为主题的野生动物综合旅游区。三大片区分别定位为：野生动物世界——以野生动物观光、体验为核心产品的区域，是整个片区的核心吸引力区；植物园——以植物观光、休闲为核心产品的相对独立区域，与野生动物世界主题相异，互补发展；养生园——以旅游服务、养生度假为主要产品的独立空间。

4.3 以国家级旅游度假区为发展目标

济南新野生动物园瞄准济南"1+6"都市圈市场，通过融入野生动物文化，丰富大众型演艺娱乐，近期打造为济南"1+6"都市圈最具体验价值的野生动物主题旅游区；远期以野生动物世界为核心，外围丰富创新业态和配套物业，形成综合型、深度假、深体验的国家级旅游度假区。

4.4 基于核心向外围延展圈层式地块综合发展路径

新的济南野生动物园以野生动物世界为发展核心，外围板块围绕其逐步展开，基于本案特殊的现实状况，其发展路径为：第一步以野生动物世界为核心吸引物；第二步外围修建商业街、生态营地、大马戏乐园等，共同形成核心景区；第三步在核心景区基础上增加配套酒店、会所、康养中心等业态，构成配套，发展系列业态；第四步对社区、研发机构、活动等进一步支撑建设，最终形成综合型旅游度假项目（图3、图4）。

4.5 "一心五区"功能分区呼应野生动物园综合发展路径

新济南野生动物园结合目前资源状况和未来发展需求，划定"一心五区"的功能分区。"一心"即野生动物体验核心区，是野生动物主要生活区，也是野生动物核心体验区；"五区"分别包括以植物观赏休闲为主的植物休闲游赏区，为野生动物园客群提供餐饮、购物等功能

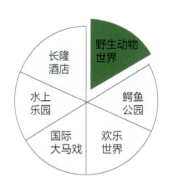

功能架构——以野生动物世界为核心，其他板块围绕展开

长隆分区架构——各板块平行组合

图3 济南野生动物园与长隆野生动物园板块关系对比图

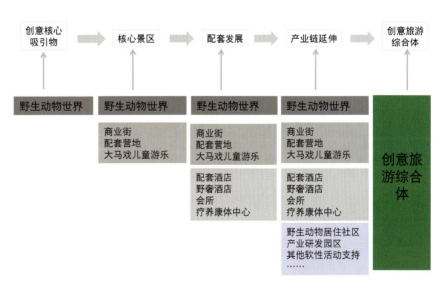

图4 济南野生动物园综合发展路径示意图

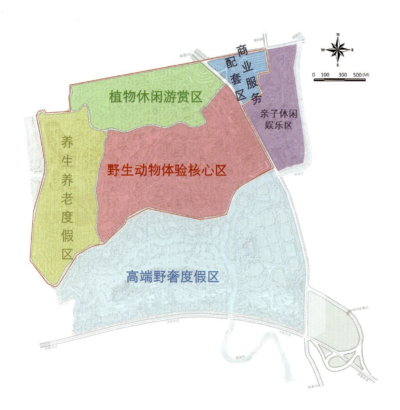

图5 济南野生动物园功能分区图

的商业服务配套区,为前来休闲度假的人群打造的高端野奢度假区,面向亲子市场打造的包含多种娱乐体验的亲子休闲娱乐区,以及配套的养生养老度假区。整体形成以野生动物体验为核心,外围多种功能互为补充的综合发展格局(图5)。

5 从实际资源情况出发构建迎合市场诉求的创新产品

5.1 以创意体验为主导的原有项目提升构想

5.1.1 动物医院向体验中心转型

依托项目:动物医院

现状:原动物医院位于林梢王国南侧,设有动物繁育中心、动物疗养院等,承担科普宣传教育功能。

提升思路:体检中心即体验馆——建议对动物医院进行调整,增设趣味性体检中心,定期为动物体检,游客可以参观,也可以参与其中,帮动物梳理毛发,帮动物量身高、体重等。

5.1.2 泉城大马戏向核心吸引力转型

依托项目:泉城大马戏

现状条件:马戏表演目前独立经营,属于大众化的演艺娱乐项目,表演内容以马戏、杂技、小丑互动为主,丰富度、观赏性、品质感、舞台效果等有较大的提升空间。

提升思路:一是变可看可不看为必须要看,实现吸引力提升;二是变配套娱乐为独立吸引物,实现规格提升;三是变白天小演出为夜间大演出,实现消费提升。最终将泉城大马戏打造成一个度假区的夜游核心项目、一张泉城的马戏演艺名片、一个度假区的标志。

5.1.3 传统商业街向文化创意型街区转型

依托项目:商业街

现状条件:总面积52781 m²,其中建筑面积25828 m²,景观面积26953 m²。

提升思路:打造成以动植物元素为主题、半成品加工为特色、休闲商业为配套的文化创意型街区,同时收集度假区的原材料,提供加工体验,进行创意销售,形成独家综合体内部的产业链。例如半成品店铺不仅提供完整的旅游商品,更能提供雕刻、编织、塑膜等简易的体验环节,让商品私人订制、独一无二、富有乐趣。

5.2 以进一步营造核心吸引力为导向的两大新增项目

5.2.1 我国北方第一个夜间动物园

(1)基于建设便利性和运营合理性的夜间动物园选址建议

基于丰富济南野生动物园产品类型、延长游客停留时间、拉动其他夜间消费角度考虑,建议建立夜间动物园。基于建设实操角度、运营管理合理性角度考虑,将亲子乐园外迁至前文所述的东侧儿童亲子娱乐区,原来位置改建为夜间动物园。

(2)基于夜间动物习性的转向设计建议

图6 长白山景区旅游服务设施

图片来源：由北京大地风景建筑设计有限公司提供

夜行动物的选择——与日间开放的动物有所区别，选择夜间活动的动物，如狮子、老虎、猫头鹰、狼、鼯鼠、夜鹰、夜鹭等。

丛林环境的营造——基建材料以石头、木头等自然材料为主，动物笼舍被高大的树木和茂密的草丛遮挡，营造夜间野生动物出没的丛林环境。

夜游道路的设计——设计安全、曲径通幽的夜间游览道路，增强夜间游览的神秘感。

夜间灯光的应用——设计昏暗的灯光，适应动物视觉。

（3）基于针对夜间动物园专门的运营建议

为保证夜间动物园的安静，游玩夜间动物园必须提前一天网络、电话订票，每天限定入园500人。开放时间为19:00~24:00，每半个小时组织一批游客进入园内探秘。

5.2.2 寓教于乐的高寒极地馆

（1）极地馆的创新意义

从进一步塑造野生动物园核心吸引力的角度出发，一是通过VR技术，增强可体验性；二是通过形象化、可体验的手段展示科普教育内容，寓教于乐；三是进一步丰富物种，提升项目等级，对整个园区进行提档升级。

（2）沉浸式体验创意设计

游人可进入-18℃的"室内冰雪体验"馆，经历一场与企鹅、北极熊的美丽"邂逅"。

5.3 设施即是景观的提升构想

引入"景观盒子"的概念，即在具有设计感的外表下融入观景、休息等功能的景观小品建筑。一是休息体系，如休息座椅、凉亭；二是观景体系，如观景台、景观廊道等（图6）。

5.4 科技应用体系——引进全息影像、4D、AR等技术

针对目前动物园与植物园科普教育趣味性、体验性不足的现状，在野生动物核心区生态馆、青龙印象爬行类展馆、鸟鸣花谷（热带鸟馆、猛禽馆等场馆、鹦鹉剧场）、生态剧场等区域引进国内外前瞻的AR技术，将科普教育与科技体验完美融合，达到寓教于乐的效果。

5.5 以多彩活动植入延伸客群

（1）基于现实发展角度考虑多彩活动植入的必要性

一是从均衡发展角度考虑，目前野生动物园硬件相对完善，软性服务是短期内实现品质提升的重要空间；二是从游客需求角度考虑，以具有亲密度、丰富感、娱乐性等效果的活动填充，有助于深化动物园科普、休闲等功能，多变的活动内容是提高重游率的重要途径；三是从运营管理角度考虑，活动对新建设施需求较低，成本较少，并可挖掘现有设施、人力、旅游资源的最大价值,是激发二次消费的重要手段。

（2）活动植入的三大卖点

一是基于动物天性，展现其亲昵可人、呆萌可爱、聪明可喜等特质，促进人与动物的良性互动；二是内容简单、安全、欢乐且富有意义的活动，主要针对儿童亲子市场；三是激发跨龄参与，适当延伸家庭及青年客群，以集体或与动物互动型活动为宜。

5.6 既富有设计感又巧妙解决可建设用地有限问题的创新建筑使用

针对园区可建设用地有限的现实，采用木屋模块式建筑方式，一方面解决了可建设用地有限的问题；二是独具特色的创意体验与动物乡野主题及创意风格高度契合；三是更易于实现人与温顺型动物亲密接触；四是生态或仿生态建材相较于砖混结构建筑更易与野生动物园整体环境协调一致，避免破坏园区景观风貌，具体包括具有设计感的异形木屋、木质结构帐篷酒店、移动木屋、树上餐厅等建筑设施。

6 满足多种专项人群的业态设施配置方案

6.1 七类业态构建济南野生动物园主体业态体系

基于以上多个方面的思考和规划，整个野生动物园包含了零售、休闲娱乐、餐饮、住宿、特色交通、演艺、会展七类业态，分区布设见表1。

6.2 业态量化计算及布设
6.2.1 住宿设施规划

根据计算公式：床位数 = 年游客量 × 住宿游客比 × 平均住宿天数 /（全年可游天数 × 床位平均利用率），其中：

年游客量为119～136万人。据统计，2016年动物园接待100万人次，植物园接待70万人次，因一天游两园的特殊情况，故游客量以总人次70%～80%计提，即排除部分游客一天游两园造成的设施重复计算。

住宿游客比 =6%。原因在于，据统计，国内景区平均住宿游客比为26%～28%，但本项目特殊性在于：首先，处于济南近郊，以周边自驾客为主，返回或前往市区相对便捷，留宿可能性较低；其次，在一段时间内仍以自然观光型产品为主，产品内容等尚不足以使人长时间停留；最后，前期旅游氛围相对薄弱，缺少其他景区抱团发展。综合以上因素，过夜率适当降低。

平均住宿天数 =1.2天。原因在于，据国家旅游局2013年统计，国内过夜游客人均停留天数2.87天，其中济南在2天左右，考虑本项目动物园、植物园、养生园形成的组合方式，85%的游客住宿1天，13%住宿2天，2%住宿3天，计算可得平均住宿天数约为1.2天。

全年可游天数 =256天。全年可游天数的计算方法为：法定休息日 + 旺季 + 淡季休息日（扣除淡旺季中所含节假日）=27+187+42=256天。

床位平均利用率 =73%。首先，本项目住宿类型可概括为大众经济型和高端度假型两种；其次，国内大众酒店床位平均利用率在80%左右（以如家、锦江之星、皇家驿栈等为参考），高端酒店床位平均利用率在50%左右（以五星级酒店为参考）；最后，考虑本项目住宿类型配比，大众型为82%，高端型为18%，计算得床位平均利用率为73%。

因此，按照年游客量119～136万人次、住宿比例6%、平均住宿天数1.2天、全年可游天数256天、床位平均利用率73%的取值，床位数应当设置在460～525个的区间内（表2、图7）。

6.2.2 餐饮设施规划

根据计算公式：餐位数 = 年游客量 × 餐饮游客比 /（年可游天数 × 周转率）。其中：

年游客量 =119～136万人。据

表1 济南野生动物园（近期）业态配置表

项目	类型						
	零售业态	休闲娱乐业态	餐饮业态	住宿业态	交通	演艺	会展
野生动物核心区							
夜间动物园	纪念品店 移动摊位	丛林探险 咖啡厅/水吧	移动摊位	–	观光小火车	文化演艺	–
极地馆	便利店 纪念品店	模拟体验 动物表演	主题餐厅	创意店铺	–	文化演艺	–
动物医院	纪念品店	动物体检中心	–	–	–	–	–
泉城大马戏	纪念品店 玩具店	动物表演	–	–	–	杂技/魔术 表演	–
半巷	文化创意工坊 纪念品店 玩具店	手工体验 定制体验	主题餐厅 主题吧系列	–	–	–	–
其他原有项目	移动/固定摊位 纪念品店	动物互动	生态餐厅 移动摊位	精品酒店	隐形船 骑行	–	–
商业休闲配套区							
商业街	特产店 便利店 纪念品店 创意玩具店	特色专业店 主题吧系列	文化创意餐厅 连锁快餐	地方小吃	经济酒店	商业街	–
植物休闲游赏区							
温室植物馆	主题体验店 便利店	植物观赏 科普互动体验	主题餐厅	–	–	–	珍稀植物展
梦花海	主题专卖店 主题体验店 便利店	花卉观光 花卉主题体验	主题餐厅 咖啡厅/茶馆	–	–	–	–
养生养老配套区							
木屋区	流动摊位	–	树屋餐厅	特色主题住宿（木屋）	–	–	–
房车区	户外运动专营店 便利店	垂钓/球类运动 休闲吧系列	连锁快餐	特色主题住宿（房车） 汽车修理服务中心	–	–	–
帐篷露营地	露营用品店	篝火/烧烤 球类运动	野炊餐厅	特色主题住宿（帐篷）	–	–	–
儿童娱乐区	创意玩具店	儿童轻运动 休闲水吧	甜品店	–	–	–	–

表2 济南野生动物园近期床位数分布表

功能分区	住宿系统	位置	特色/类型	受众	比例	床位数（个）Min	床位数（个）Max
商业休闲配套区	经济酒店	商业街	经济、快捷、连锁酒店	大众人群	35%	161	184
动物园核心区	精品酒店	半巷	具有一定主题的精品酒店	中高端人群	35%	161	184
养生园（营地区）	木屋	营地区	高端创意主题住宿设施	高端人群	10%	46	52
养生园（营地区）	房车	营地区	户外营地主题住宿	户外露营爱好人群	5%	23	26
养生园（营地区）	帐篷	营地区	户外营地主题住宿	户外露营爱好人群	15%	69	79

图7 济南野生动物园近期床位数分布图

统计，2016年动物园接待100万人次，植物园接待70万人次，但因一人游两园的特殊情况，故游客量以总人次70%~80%计提，即排除部分游客一天游两园造成的设施重复计算。

餐饮游客比=70%。参考大兴野生动物园、上海野生动物园等同类型景区，餐饮游客比约60%~80%。本项目综合考虑餐饮类型、营业时间、特色吸引等因素取70%。

年可游天数=256天。全年可游天数 = 法定休息日 + 旺季 + 淡季休息日（扣除淡旺季中所含节假日）=27+187+42=256天。

周转率=2.5次/餐。

因此，按照年游客量119~136万人次、餐饮游客比例70%、全年可游天数256天、周转率2.5次/餐取值，餐位数量应当在1302~1488个的区间内（表3、图8）。

7 结论

（1）根据本项目特殊性，提出以现有野生动物园为核心，以商业街、大马戏、营地、酒店、会所、研发园区、居住社区等多种配套为支撑，空间上形成从中心向外扩展、业态类型从高旅游度向低旅游度配置、服务人群从以游客为主，到居民游客共享，再到以居民服务为主的递进式发展模式。

表3 济南野生动物园近期餐位数分布表

功能分区	餐饮系统	位置	特色/类型	受众	比例	餐位数（个） Min	餐位数（个） Max
野生动物世界	主题餐厅	金虎餐厅、河马餐厅、摩卡餐厅、半巷、极地馆	原生态就餐环境与绿色有机食品	大众游客	35%	457	522
植物园	主题餐饮	梦花海、温室植物馆	花果主题特色餐饮、温室生态餐厅	大众游客	5%	65	74
商业休闲区	文化创意餐厅	商业街	亲子、情侣等主题型餐厅	大众游客	30%	390	466
商业休闲区	连锁餐厅	商业街	连锁型快餐、简餐	大众游客	20%	260	278
养生园（营地区）	树屋餐厅	营地区	树上的创意餐厅，上菜、服务等方式独特	高端游客	5%	65	74
养生园（营地区）	野炊餐厅	营地区	提供野炊工具与食材	大众游客	5%	65	74

（2）提升产品的参与度和体验感。一方面在产品类型方面，使现有项目从单一观光功能向体验功能转型，增加了除观光之外的特色吃、住、行、游、购、娱、学、演、会、养等业态，有效扩展体验深度和广度，夯实野生动物园的核心吸引力和竞争力；另一方面瞄准野生动物园三产加工配套环节，通过文旅创意扩展其产业链长度，使工厂、医院从幕后走向"台前"，转变为可体验、可感受、可研学的特色旅游产品，有效实现第二、第三产业的有机融合，同时成为济南野生动物园不可复制的独特卖点。

（3）设施方面，从亲子客群心理感受出发，以设施景观化为总体原则，通过鲜艳的色彩搭配、特色造型设计、特殊材料应用等一系列手法，将有设计感的设施渗透在园区的方方面面，在提升园区档次的

图8 济南野生动物园近期餐位数分布图

同时，构成独特的视觉景观，以吸引客群眼球，形成旅游话题。

（4）本项目从运营视角出发，以野生动物园未来客群预算为计算依据，结合近期开发的4个功能区的功能定位，进行了详细的4个区的餐饮、住宿业态布设和相关指标预算，对下一步园区落地具有一定的指导意义。

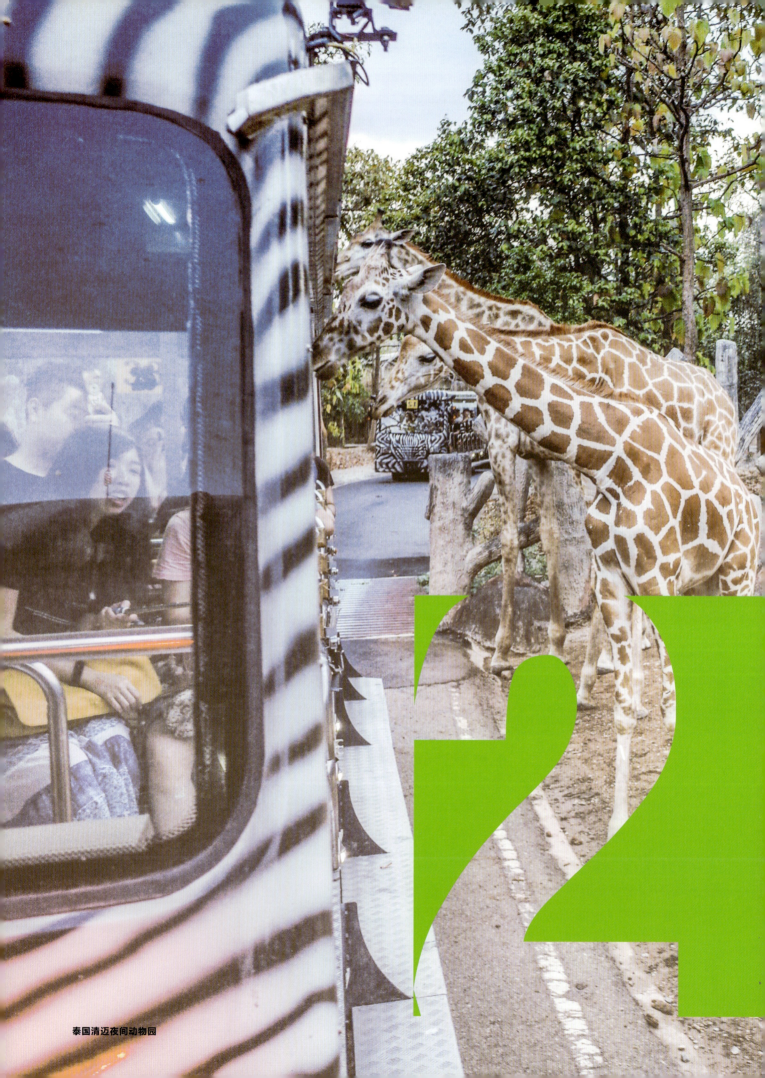
泰国清迈夜间动物园

野生动物旅游：旅游者行为与游憩体验
Wildlife Tourism: Tourist Behavior and Recreation Experience

张琳琳　黄潇婷　　亲近动物型游客会选择观看动物表演吗：以香港海洋公园为例

王雅玲　李俊鸿　戴胡萱　宗　诚　　四川大熊猫基地游憩需求及满意度分析
　　　　程　鲲　李菲菲

于佳平　王梦桥　石绍萱　丛　丽　　不同生境下野生动物旅游者对景区拥挤感知研究：以大熊猫国家公园为例

图片来源：摄图网

亲近动物型游客会选择观看动物表演吗：
以香港海洋公园为例

Will the Animal-friendly Tourists Watch Animal Shows: Case Study of Hong Kong Ocean Park

文 / 张琳琳　黄潇婷

【摘　要】

动物表演在人类文明中已有两千多年的历史，为人类的休闲娱乐生活带来诸多乐趣，其表演内容和表演形式也在不断丰富。十几年来，随着动物保护观念的进步，越来越多的动物表演被叫停，但动物表演是否应该被完全抛弃依然存在异议。在消费市场方面，动物主题旅游逐年火热，那么对于动物有亲近需求的游客又对动物表演持怎样的态度呢？本文从价值认同的角度出发，以香港海洋公园为案例地，探讨亲近动物型游客对动物表演的行为偏好，以期为动物表演的经营设计以及市场预测提供有效建议。

【关键词】

动物表演；动物亲近型游客；价值认同

【作者简介】

张琳琳　山东大学管理学院旅游管理系硕士研究生

黄潇婷　山东大学管理学院旅游管理系教授

注：本文图片除标注外均由作者提供。

1 导言

人天生有着亲近动物的需求。人类自诞生之初便与自然界中的各种动物相伴相生，远古时期许多部落以动物为图腾，将动物看作氏族的祖先和血缘关系的象征，人类对动物，既有捕猎又有饲养，既有搏斗又有驯化，在敬畏与征服之中寻求平衡，最终实现自然生灵的和谐共生。在以现代性为特征的城市情境中，快节奏的生活和割裂的空间结构使人类社会系统与自然系统的关系愈发疏离，而城市生活的压力与人对自然的天然依恋又激化了人们对野生动物的好奇与向往。在大众旅游时代，旅游活动无疑为人类亲近野生动物提供了良好的契机。中国是世界上拥有野生动物种类最多的国家之一，其广袤的土地和多样的气候为各种野生动物提供了充足的宜居空间，也为动物主题的旅游活动提供了良好的条件。据统计，截至2017年，全国共有脊椎动物6000余种，另有无脊椎动物及昆虫20万余种；全国动物园数量达到793家，动物园行业总资产规模达到3291亿元，整体利润总额达到218亿元；主题海洋公园大约106家，覆盖20多个省、市、自治区[1]；全国共建立自然保护区2750处，总面积约14733万hm^2，约占全国陆地面积的14.88%，其中包括国家级自然保护区469处[2]。

多年以来，许多以动物为主题的景区都会包含动物表演的内容，如动物园内的马戏表演、海洋馆中的海兽表演、景区中的猴子模仿表演等。一般来说，动物表演指的是人类通过一定手段训练动物做出规定行为以供人观赏娱乐的活动。从中国的历史来看，夏商之后，随着中原地区农业比重的增加和畜牧业比重的减小，动物在人们休闲生活中的观赏价值逐渐被挖掘。早期动物表演的主角多为大型兽类，如《史记》中记载的赛马、《吕氏春秋》中记载的驯象等；后来随着朝代的更迭，人们的审美偏好也发生了变化，中小型的禽斗、虫斗成为这一时期的新风尚；之后又出现了内容更为丰富的"马戏"，人与动物共同完成演出。在西方国家，除了传统的马戏表演外，近几十年还兴起了以海兽为主角的表演，并逐渐在动物表演中占有愈加重要的地位。演出内容不断丰富、驯养技巧不断提高成为现代动物表演的重要特征。

各种类型的动物表演在相当长的一段时间内丰富了人们的休闲生活，动物表演本身也逐渐形成了一种特有的文化，被各国相关部门所重视和扶持，如在中国，文化部于2008年将马戏（埇桥马戏）列入第二批国家级非物质文化遗产名录。但之后随着动物伦理观念的进步和动物福利理论的出现，人们也逐渐意识到了动物表演存在的种种问题，如进行表演的狮子、老虎等凶猛的兽类出于游客安全的考虑需要被拔去爪牙，虎鲸和海象等海洋动物由于成本的原因只能生活在狭窄的水域里，更不用说为了使动物完成规定动作而采取的种种威逼利诱行为。近些年来，反对者的声音越来越强烈，动物保护人士纷纷要求停止动物表演行为以尊重动物的天性。如美国人道对待动物协会（HSUS）曾经戴着手铐脚镣，浑身画着伤痕，全裸地躺在纽约时代广场以唤起人们对表演动物的同理心。在这种背景下，许多动物表演活动主动或被迫地走下了舞台。如2017年5月21日，走过了146个年头的美国著名马戏团玲玲马戏团在纽约谢幕；同年9月1日，广州动物园动物行为展示馆正式闭馆，标志着其长达24年的动物表演从此画上句点；同年11月18日，人们迎来了第一个没有动物表演的中国国际马戏节；据不完全统计，全世界已有36个国家、389个城市开始限制动物表演[3]。中国也曾出台相关法令，如《全国动物园发展纲要》《关于进一步加强动物园管理的意见》等对动物表演进行限制，但也有从业人员认为笼统地对所有动物表演一刀切的做法稍嫌武断，指出随着观念的进步，许多机构已在采用相对温和、顺应动物天性的方式驯养动物，可以考虑对一些对动物伤害程度小、安全系数高、具有科普意义的项目予以保留。

当下国内的动物表演项目正在面临着退出或整改的抉择，其中不同游客对动物表演项目的态度也必将影响动物表演市场的下一步走向。而在后现代社会中，消费者对于企业或品牌的价值认同成为影响其消费决策的重要因素之一，顾客更愿意为其认可的价值观而非只是产品本身买单。在以上背景下，本文以香港海洋公园为案例地，从价值认同的角度探究以亲近动物为目的的游客在造访目的地时对动物表演型场馆的行为选择，以期为动物主题目的地的市场预测和产品转型提供可参考的意见。

2 案例地

本文选取香港海洋公园为案例地，对亲近动物型游客有关动物表演型场馆的行为选择进行研究。香港海洋公园位于香港岛南，占地面积超过 $91.5hm^2$，提供多元化世界级的海洋主题体验，是一个深受欢迎的科普教育型主题公园。过去30多年，香港海洋公园接待游客共计 1 亿人次，年到访人次在 770 万上下。香港海洋公园于 2006 年被福布斯网站评为"全球 10 大最受欢迎的主题公园"之一，于 2007 年被 Forbes Traveler 公布为"全球 50 大最多游客到访的景点"，于 2012 年荣获由国际游乐园及景点协会博览会（IAAPA）颁发的顶尖荣誉大奖"2012 Applause Award"（全球最佳主题公园）。

需要强调的是，香港海洋公园所属的海洋公园管理公司是一家非营利机构，因此在发展公园设施的同时，在动物保育方面也不遗余力，一方面鼓励游客尊重自然、爱护环境，另一方面也在保障园内动物的安全健康方面取得了重要成就。如：成功繁殖了鲨鱼、海狮、海马及不同品种的水母，孵化和孕育出了濒危的鸟类和蝴蝶，还在 2000 年成功以人工受孕的方法令樽鼻海豚受孕并诞下两条小海豚，成为全球首例同类的成功个案。香港海洋公园的动物护理水平已达到国际标准，连续三次被动物园及水族馆协会（AZA）授予为期 5 年的认可资格，并获得了美国人道协会"人道保育计划"颁发的认证。

香港海洋公园内共有两处动物表演型场馆：海洋剧场和雀鸟剧场。海洋剧场提供海豚、海狮等海洋动物的表演节目雀鸟剧场提供草原雕、地中海隼、条纹卡拉鹰、红头美洲秃鹫等野生雀鸟的表演节目，两者都致力于普及野生动物习性，强调保护生态环境的重要性。此外，园内还包括以海洋、陆地、热带、冰极等为主题的观赏性场馆或设施 19 处、机动游戏 13 处、不包含动物表演的表演型场馆 1 处及其他服务性设施（图 1、图 2）。

图 1 海洋剧场　　　　　　　　　　　　　　　　　　　　　　　　　　　　　黄潇婷/摄

3 研究过程

3.1 数据采集

数据采集环节于2014年7月6日~10日在香港海洋公园进行,研究人员在园区大门处随机选择准备入园的游客,请求他们在游览过程中携带GPS手持跟踪设备,以记录该游客在园内游玩的时空轨迹,GPS设备每隔10秒进行一次记录。香港海洋公园的大门既是入口也是出口,参与调研的游客在游览结束之后在园区大门处归还GPS设备,并填写一份问卷,问卷内容包括"第几次到访香港海洋公园""到访香港海洋公园的主要目的"等,并要求游客对自己到访的每一个景点的满意度和受教育程度在1~5的范围内进行打分,"1"表示非常不满意/没有受到一点教育,"5"表示非常满意/受到了很大的教育。

3.2 样本概况

本次调研共发放调查问卷1177份,回收问卷1177份,问卷回收率为100%;将填写或勾选了"第几次到访香港海洋公园""到访香港海洋公园的主要目的"两项并完成了对自己到访的每一个景点的满意度和受教育程度打分的样本视作有效问卷,有效问卷共计777份,问卷有效率为66%;GPS数据925份,轨迹完整的样本917份,GPS数据有效率为99%;问卷数据与GPS数据均为有效且可以相互匹配的样本共计596份,即针对本研究的有效样本共596份。

3.3 数据整理

对596份有效样本的GPS数据进行识别统计,识别出每一个样本在园内停留过(到访时间超过5分钟视作停留)的景点及其顺序,并将每一个样本的停留景点与其满意度及受教育程度进行匹配。

4 分析结果

4.1 样本分布

本次研究的有效样本共596份。其中,将认为"亲近动物"是自己本

图2 雀鸟剧场

田小冲/摄

次到访香港海洋公园的主要目的之一的游客定义为"亲近动物型游客",将未在"到访香港海洋公园的主要目的"一栏中勾选"亲近动物"的游客定义为"非亲近动物型游客"。如图3所示,"亲近动物型游客"共计102位,占有效样本总量的17%,"非亲近动物型游客"共计494位,占有效样本总量的83%。是否对动物或动物类产品有特殊偏好是影响游客与主题公园价值认同的主观因素之一,根据统计结果发现,有近1/5的游客在本次游览前对动物类旅游产品有特殊的关注。

在此基础上,对亲近动物型游客的到访次数进行统计,结果如图4所示,近半数的亲近动物型游客为初次到访香港海洋公园,第二次到访的游客占1/10以上,到访次数为3、4、5次的游客数量接近,分别占6.86%、4.90%和7.84%,另

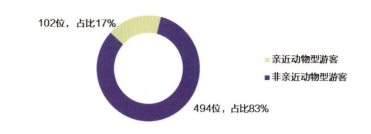

图3 亲近动物型游客分布图

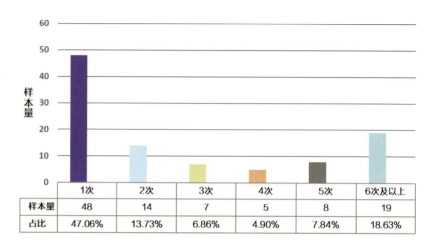

图4 亲近动物型游客到访香港海洋公园次数分布

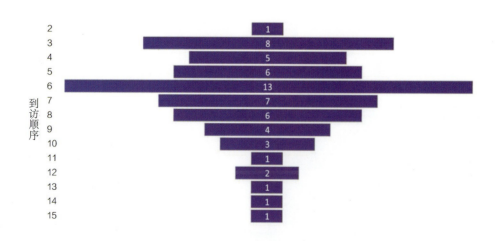

图5 亲近动物型游客到访动物表演型场馆顺序分布

有近1/5的游客到访香港海洋公园的次数超过6次,属于香港海洋公园的常客。游客的到访次数在一定程度上从客观角度体现了游客真实感受海洋公园氛围、接触海洋公园经营理念的机会,在这里我们认为游客到访海洋公园的次数越多,理解海洋公园价值观念的机会也就越多。

与到访次数相同,进入动物表演型场馆前在海洋公园的其他游览体验也体现了了解海洋公园价值文化的机会。如图5所示,大部分游客游览动物表演型场馆的顺序在3~10之间,即在本次游玩过程中,多数游客在到访动物表演型场馆之前已经在2~9个场所中对香港海洋公园的价值观念积累了不同程度的了解。

4.2 不同价值认知条件下的动物表演型场馆到访情况统计

4.2.1 亲近动物型游客与非亲近动物型游客的行为差异

首先以亲近动物的需求作为游客对动物产品的主观价值倾向,对持不同倾向的游客行为进行分析。在此之前根据是否将动物作为主题元素,将园内景点分成了动物主题景点和非动物主题景点两类,对亲近动物型游客和非亲近动物型游客到访动物主题景点和非动物主题景点的人均次数进行统计。如图6所示,两种类型的游客到访非动物主题景点的人均次数分别为5.53和6.32,亲近动物型游客到访非动物主题景点的次数略低但差异并不十分显著;而对于动物主题景点来说,亲近动物型游客到访该类景点的人均次数(12.18)远远高于非亲近动物型游客(4.83)。可见对于亲近动物的需求的确在一定程度上影响了游客对动物相关类景点的行为偏好。

在此前提下对持有不同动物亲近需求的游客在动物表演型场馆的到访情况进行统计。显然,由于两者样本数量存在差异,本文需要对统计结果与对应样本数量的比值进行计算。下述统计也均以该种方式对统计结果进行了标准化处理。如图7所示,调查发现,到访雀鸟剧场的亲近动物型游客人数和非亲近动物型

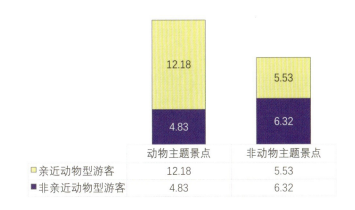

图6 持有不同动物亲近需求的游客到访动物和非动物主题景点情况统计

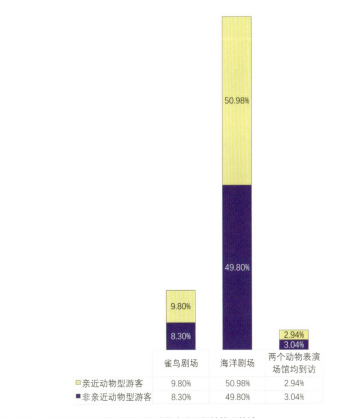

图7 持有不同动物亲近需求的游客到访动物表演型场馆情况统计

游客人数分别占亲近动物型游客总人数和非亲近动物型游客总人数的9.80%和8.30%，结果相近；到访海洋公园的两种类型的游客分别占对应样本数量的50.98%和49.80%，也并没有出现显著差异；同时到访两个动物表演型场馆的比例（2.94%与3.04%）同样没有表现出明显的不同。可见在动物表演方面，亲近动物型游客并没有表现出明显高于非亲近动物型游客的行为偏好。

4.2.2 不同到访次数亲近动物型游客的行为差异

接下来以到访次数作为游客理解香港海洋公园价值观念机会大小的衡量标准之一。通过统计发现（图8），首次到访香港海洋公园的游客游览雀鸟剧场和海洋剧场的人数分别占到访香港海洋公园游客总人数的5.03%和49.47%，随着到访次数的增加，到访两处动物表演型场馆的游客比重也有所提升，在到访次数为"4"时达到最高值（雀鸟剧场45.45%，海洋剧场72.73%），之后到访比重开始回落，到访香港海洋公园6次以上的游客参观两个动物表演型场馆的比重分别为11.48%（雀鸟剧场）和40.98%（海洋剧场）。可见，在本次调查中，在游览次数到达4次之前，游览次数越多，该群体中选择到访动物表演型场馆的游客的比重越大。

4.2.3 游览过程中不同的体验效果对游客选择到访动物表演型场馆的影响

在已获得的调查样本中，没有游客将动物表演型场馆选作第一个到访的景点，可见在本次游览中，游客到访动物表演型场馆之前对香港海洋公园价值观念的接触机会和了解程度很有可能会受之前到访的园内景点的影响，而游客对园内景点的感知体验效果如感知受教育程度、满意度等又可以在一定程度上体现游客对香港海洋公园价值观念的认同情况。现将游客在到访第一个动物表演型场馆前对其他景点的体验效果进行统计，统计结果如图9、图10所示。

从图9可以看出，当游客在园内景点中感知到的受教育程度在0~1的范围内时，游客无一到访动物表演型场馆；而游客在之前景点中感知到的受教育程度在4~5之间时，选择到访海洋剧场和雀鸟剧场的游客人数分别占该区间人数的61.76%和26.47%。总体来说，在之前景点中感知到的受教育程度越高，选择到访动物表演型场馆的人数占该受教育程度区间总人数的比重就越大，这一规律对海洋剧场更为明显。

从图10可以看出，对海洋剧场来说，对之前景点的满意度越高，选择到访动物表演型场馆的人数占该满意度区间总人数的比重就越大；虽然这一规律并未适用于雀鸟

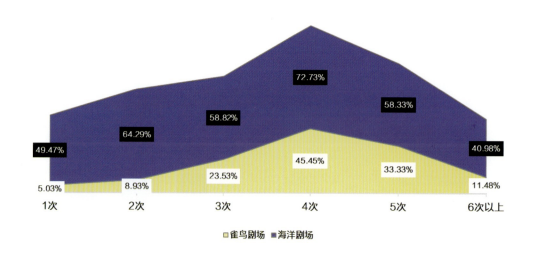

图8　到访香港海洋公园不同次数的亲近动物型游客到访动物表演型场馆情况统计

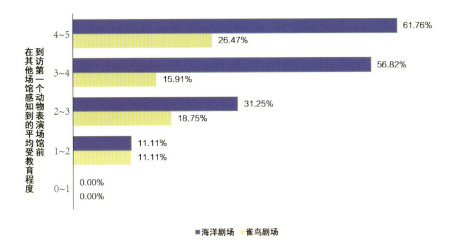

图9 游览过程中不同感知受教育程度的亲近动物型游客到访动物表演型场馆情况统计

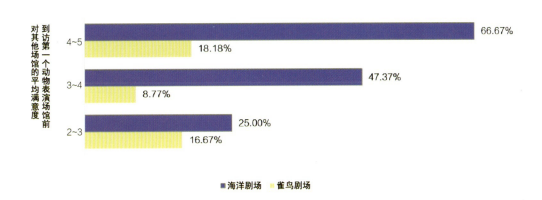

图10 游览过程中不同满意度的亲近动物型游客到访动物表演型场馆情况统计

剧场,但对于雀鸟剧场来说,满意度在4~5范围内的群组仍是到访比重最大的群组。

在上述计算结果的基础上,比较各区间之间的标准化游客到访水平(标准化游客到访水平的数值等于上文提到的不同感知受教育程度/满意度区间的到访人数占对应区间总人数的比重,以计算样本量相同时各区间的对比结果),对比结果如图11、图12所示。

从图11可以看出,在经过统计结果标准化之后,近四成到访动物表演型场馆的亲近动物型游客对之前景点的感知受教育程度在4~5的范围内,且感知受教育程度越高,所占比重越大。满意度的分布(图12)也同样符合上述规律,近半数到访动物表演型场馆的亲近动物型游客对之前景点的满意度在4~5的范围内。这在一定程度上说明,亲近动

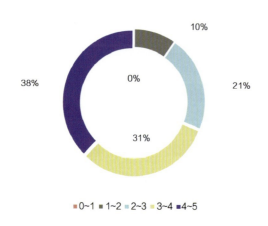

图11 到访动物表演型场馆前亲近动物型游客的感知受教育程度分布

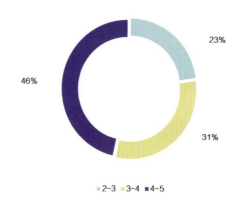

图12 到访动物表演型场馆前亲近动物型游客的满意度分布

物型游客对之前其他景点的感知受教育程度或满意度越高，到访动物表演型场馆的可能性就越大。

5 结论与启示

本文针对亲近动物型游客对动物表演的态度这一问题，从价值认同的视角来分析亲近动物型游客的行为选择。

统计结果显示，与非亲近动物型游客相比，亲近动物型游客虽然更倾向于游览动物主题景点，却对动物表演没有表现出明显的偏好，在一定程度上说明了对参与调查的亲近动物型游客而言，动物表演与一般动物旅游产品有所不同，价值上的不认同或不完全认同使动物表演型场馆相较于其他类型的动物主题景点而言对于亲近动物型游客的吸引力偏低。同时，到访香港海洋公园次数越多（4次以上）的游客游览动物表演型场馆的可能性越大，假设到访次数的增加可以增进游客对香港海洋公园价值观念的认知，那么上述结果可以在一定程度上体现出，或许是亲近动物型游客对香港海洋公园的经营理念的逐步理解和认同，使得他们愿意相信园内的动物表演项目是在爱护动物、尊重生命、敬畏自然的态度下进行的，是科学而规范的，所以不妨一看。还需要关注的一个问题是，公园到访次数超过4次以后，动物表演型场馆的到访率反而出现下滑，说明这些场馆可能存在内容丰富性不足、变化较少等问题，可能需要考虑加入短期可实现的非动物表演内容进行补充。最后，在体验效果方面，当亲近动物型游客对之前其他景点的感知受教育程度或满意度越高时，其到访动物表演型场馆的可能性也越大，可知如果游客可以在非动物表演型景点处感受到主题公园的生态环保理念或获得良好的体验，他们就有理由相信园内的动物表演节目也是充满人性关怀且值得前往的。

上述统计结果可以带来一些实践上的启示。首先，敬畏生命、爱护动物已经成为人类的共识，动物表演及其他同类产品必须要坚持生态、尊重、科学、规范的经营理念才有可能生存下去。其次，要获得游客的认可，宣传起到重要的作用，而坚守原则、耐心传达、在每一个细节上做足工作、体现态度就是最好的宣传方式。最后，随着动物保护运动的深入和动物伦理观念的进步，不排除动物表演被时代舍弃的可能，需要经营者逐步降低动物表演的强度和比重，用更加生态健康的动物展示方式、更加具有人文关怀和科教价值的项目取代。

基金项目

本研究受国家自然科学基金项目"基于旅游者时空行为规律的旅游活动空间生产与构建研究"(41871138)的资助。

参考文献

[1]中国产业信息网. 2017年中国海洋主题公园旅游人次达到6250万人次[EB/OL]. [2018-10-23] http://www.chyxx.com/industry/201810/685869.html.

[2]央广网. 我国自然保护区占陆地面积近一成半[EB/OL]. [2018-04-18] http://baijiahao.baidu.com/s?id=1598062022853404328&wfr=spider&for=pc.

[3]行者物语网. 世界各国有关禁止马戏团动物表演的立法简介[EB/OL]. [2013-11-06] http://www.xzwyu.com/article-8379-1.html.

[4]丛丽, 吴必虎, 李炯华. 国外野生动物旅游研究综述[J]. 旅游学刊, 2012, 27(5): 57-65.

[5]万婷, 许晓旭, 刁星. "旅游+"背景下动物主题乐园的规划设计——以抚远黑瞎子岛探秘野熊园为例[J]. 规划师, 2018, 34(3).

[6]王娟, 张广海. 国外观鲸旅游的研究进展与启示[J]. 世界地理研究, 2013(4): 91-99.

[7]杨恩毅. 动物保护是否意味着向动物表演说不？[J]. 杂技与魔术, 2017(06): 51-52.

[8]尹锋, 高权, 朱竑. 广州鳄鱼公园野生动物旅游中的生命权力运作[J]. 地理学报, 2017(10): 146-159.

[9]卓琦. 国内外海兽展示和表演的发展概况(上)[J]. 中国水产, 1999(3): 60-62.

四川大熊猫基地游憩需求及满意度分析

Analysis on Tourist Demands and Satisfaction for Sichuan Giant Panda Bases

文 / 王雅玲　李俊鸿　戴胡萱　宗　诚　程　鲲　李菲菲

【摘　要】

随着人们生态保护意识增强、对自然旅游和野生动物观赏需求增加，满足人们这一需求和提升游客满意度成为重要的旅游管理议题。本文以四川雅安碧峰峡、都江堰大熊猫基地为例，通过问卷调查分析，探讨游客的旅游动机和行为，对大熊猫的游憩需求、满意度及其影响因素，并依据数据分析结果，提出了对游客营销、保护教育项目设计和管理策略等方面的建议。

【关键词】

大熊猫旅游；都江堰基地；雅安碧峰峡基地；游客满意度；游憩需求

【作者简介】

王雅玲　东北林业大学野生动物资源学院硕士研究生

李俊鸿　台湾东华大学环境学院教授

戴胡萱　山水自然保护中心项目主管

宗　诚　东北林业大学野生动物资源学院教授

程　鲲　通讯作者，东北林业大学野生动物资源学院副教授

李菲菲　河南银基动物王国科普教育宣传员

随着世界经济、科技、文化的进步及城市化的飞速发展,人们对回归自然、户外游憩的需求不断增加,生态环境保护的意识也越来越强,因此生态旅游、可持续旅游等旅游形式逐渐受到人们的喜爱与追捧。野生动物是重要的自然资源,独特的形态和丰富的行为使其具有非凡的魅力,游客对野生动物的观赏需求日益增加,使得野生动物旅游在众多自然旅游产品中脱颖而出[1,2]。开展野生动物旅游可以为地区发展提供经济效益,为当地社区居民提供就业机会和增加收入,在某种程度上解决保护和发展的矛盾,实现可持续发展;同时野生动物旅游所得资金可以用于物种的保护,尤其是濒危和珍稀物种[3]。

大熊猫是我国的特有种,仅分布于中国四川、陕西、甘肃的秦岭、岷山、邛崃山、大相岭、小相岭和大小凉山等山系,被誉为中国国宝和活化石。大熊猫是世界生物多样性保护的旗舰物种,也是世界人民最喜爱的物种之一,具有重大的国际影响力。随着保护力度的加大,野生大熊猫的数量在增长,全国第四次大熊猫调查显示,野外种群数量为1864只,IUCN将其濒危等级定为易危。繁育中心、动物园的圈养大熊猫数量不断增加,这些机构在大熊猫保护、野化放归和环境教育等方面做了大量工作,成为大熊猫旅游的重要基地,吸引着国内外大批游客前来体验[4]。

满意度是游客体验的重要评价指标,了解游客满意度为提升游客体验、满足游客期望提供了更有效率、更精准的方案[5-7]。决定游客满意度的因素很多,有学者认为游客满意度是游客游览前期望与实际体验两者相比较得出的结果,如果前者小于后者或相当,游客则感觉满意;反之则不满意[8]。也有研究显示,心理因素影响游客的评价,例如当游客与旅游经营者的价值理念相一致时则感觉满意;反之则不满意[9]。有学者探讨如何在物质、精神和社会三个层次满足游客的需求,以增加景区吸引力和提高游客重游率[10,11]。游客满意度评价体系具有科学的理论基础和可靠的实践支撑,它已成为衡量旅游地环境和服务质量的重要方法。基于此探讨大熊猫旅游的满意度及影响因素,对丰富旅游满意度理论体系、打造高质量的野生动物游憩体验非常有意义。

根据上文,提升游憩体验与游客满意度是一项重要而长期的工作,只有充分利用游客调查工具,分析游客满意度的影响因素,挖掘其中的制约因素,才能满足游客需求、提升服务质量、增加重游率。本文通过对国内外游客满意度文献进行研究参考借鉴,在中国大熊猫保护研究中心的四川都江堰和雅安碧峰峡基地进行了游客问卷调查,分析两基地游憩需求和满意度的差异,探讨在大熊猫旅游中游客的社会经济背景、游憩动机、旅游行为的重要性及其对满意度的影响,并在两基地大熊猫的旅游管理和游客满意度提升等方面给出相关建议。

1 研究地概况

中国大熊猫保护研究中心都江堰基地用地(图1)面积约50.7hm^2,总建筑面积约12542m^2,根据功能划分为6个区域:大熊猫救护与检疫区、大熊猫疾病防控与研究区、大熊猫康复与训练饲养区、公众接待与教育区(图2)、自然植

图1 中国大熊猫保护研究中心都江堰基地 张妍妍/摄

图2 救助后被截肢的熊猫戴丽　　　　张妍妍/摄

图3 四川雅安碧峰峡大熊猫基地　　　　图片来源：作者提供

被区和办公与后勤服务区。都江堰基地紧邻大熊猫栖息地世界遗产区域，拥有适宜大熊猫生活的气候和自然环境。这里有方竹、拐棍竹、箭竹等可供大熊猫的食用竹。

中国大熊猫保护研究中心雅安碧峰峡基地处于碧峰峡风景区核心部分，距雅安市区18km，距成都市150km，占地71.6hm²。基地属中纬度内陆亚热带湿润气候区，具有冬无严寒、夏无酷暑、气候温和、雨量充沛的特点。基地是集大熊猫饲养、繁殖、科研、珍稀野生动物救护和科普教育于一体的大熊猫乐园。基地划分为大熊猫饲养区、繁育区、科研区、办公区几大功能区，充分发挥基地繁育、救护、研究、科普教育等综合功能（图3）。

2 研究方法

2.1 问卷设计和调查方法

本次游客需求和满意度问卷设计和调查属于大熊猫旅游偏好分析研究的一部分内容，选用了该套问卷的两个部分进行统计分析。问卷的第一部分是游客动机、行为和满意度，包括游客旅游目的、到大熊猫基地的出游频率、停留时间、旅行花费、过去一年到大熊猫基地的旅游次数、是否去过其他大熊猫基地旅游、是否喜欢野生动物旅游、对满意度的评价。另一部分为游客的基本资料，包括性别、婚姻状况、年龄、教育程度、职业、平均月收入和居住地。

首先进行问卷前测，发放回收50份问卷进行信度和效度分析后，对问卷内容进行微调，确定正式问卷。2016年6月，在都江堰和碧峰峡两个基地中选择游客人数最多的几个大熊猫展区入口、游览结束后必经的园区出口发放问卷。问卷采用随机发放、一对一访谈的方式，以保证问卷回收率和填答有效性。

2.2 数据统计分析

将问卷填答结果录入Excel，使用赋值法，问题有两个选项进行0、1赋值，问题有多个选项用1、2、3等数值赋值，开放式问题依填答情况录入。本文用李克特量表进行满意度评价[12]，游客对"来此熊猫基地的收获与花费相比，觉得物超所值"及"这次到此熊猫基地旅游的整体满意度非常高"两项描述，选择非常不同意、不同意、一般、同意、非常同意，统计时分别赋分1~5分。

利用SPSS17.0软件对都江堰、碧峰峡受访游客数据进行描述性统计、独立样本T检验、ANOVA方差分析、多元线性回归模型以及逻辑斯蒂回归模型分析。

3 结果与分析

3.1 游客社会经济背景分析

本次调查共访问了803位游客，回收问卷皆为有效问卷，其中都江堰基地受访游客共计538位，碧峰峡基地265位。都江堰受访游客以女性居多（313人，占58.2%），且已婚者（66.2%）高于未婚者（33.8%）。年龄分布以20~29岁者居多（229人，占42.4%），其他依次为40~49岁（20.8%）、30~39岁（16.0%）。就教育程度而言，本科学历239人（44.4%）所占比例最高，其次为高中（职）（23.0%）及专科学历（20.1%）。在职业方面，游客人数的分布相对平均，学生（18.2%）居多，其他依次为专业技术（15.8%）、军公教（13.8%）、商业（12.1%）、服务业（11.3%）及自由业（10.2%）。个人平均每月工资以4001~6000元者（28.3%）居多，其他依次为2000元（含）以下（21.7%）、6001~8000元（15.4%）及8000元以上（13.6%）。多数受访游客并没有参加过动物保护团体（92.2%）（表1）。

碧峰峡受访游客也以女性（60.9%）及已婚（74.4%）者居多。年龄分布以20~29岁者居多（229人，占40.2%），其次为30~39岁（33.8%）、40~49岁（13.5%）。教育程度以专科

表1 都江堰和碧峰峡基地受访游客社会经济情况统计

项目	选项内容	都江堰		碧峰峡	
		频次	百分比（%）	频次	百分比（%）
性别	男	225	41.8	104	39.1
	女	313	58.2	162	60.9
婚姻状况	已婚	356	66.2	198	74.4
	未婚	182	33.8	68	25.6
年龄	20~29岁	229	42.4	107	40.2
	30~39岁	86	16.0	90	33.8
	40~49岁	112	20.8	36	13.5
	50~59岁	66	12.3	19	7.1
	60岁以上	45	8.4	14	5.3
教育程度	初中（含）以下	27	5.0	37	13.9
	高中（职）	124	23.0	61	22.9
	专科	108	20.1	82	30.8
	本科	239	44.4	77	28.9
	硕士（含）以上	40	7.4	9	3.4

(续表)

项目	选项内容	都江堰		碧峰峡	
		频次	百分比(%)	频次	百分比(%)
职业	学生	98	18.2	17	6.4
	专业技术	85	15.8	36	13.5
	军公教	74	13.8	36	13.5
	商业	65	12.1	42	15.8
	服务业	61	11.3	33	12.4
	自由业	55	10.2	53	19.9
	待业	35	6.5	19	7.1
	工业	29	5.4	14	5.3
	其他*	36	6.7	18	6.1
平均月收入	2000元(含)以下	117	21.7	36	13.6
	2001~3000元(含)	43	8.0	18	6.8
	3001~4000元(含)	70	13.0	26	9.8
	4001~6000元(含)	152	28.3	74	27.8
	6001~8000元(含)	83	15.4	66	24.8
	8001元以上	73	13.6	46	17.3
参加动物保护团体	是	42	7.8	11	4.1
	否	496	92.2	255	95.9

注：*其他职业指已退休、农业等。

者(30.8%)居多，本科学历(28.9%)及高中(职)(22.9%)次之。受访游客中自由业者的比例(19.9%)偏多，其他依次为商业(15.8%)、军公教(13.5%)与专业技术(13.5%)。与都江堰受访游客相似，碧峰峡游客的平均月工资以4001～6000元(27.8%)居多，其他依次则为6001～8000元(24.8%)及8001元以上(17.3%)。而多数碧峰峡基地的受访游客也没有参加过动物保护团体(95.9%)(表1)。

3.2 游客动机和行为

如表2所示，都江堰基地受访游客到此旅游的主要目的是想观看大熊猫(44.9%)，其次是想近距离接触大熊猫(27.7%)和想了解大熊猫生态(19.2%)。90.3%的受访游客在过去一年中仅到都江堰大熊猫基地旅游过一次。从旅游停留时间来看，93.9%的受访游客选择仅停留1天(含1天以下)；在熊猫基地的旅游花费方面，以花费500元以下的游客占绝大多数(462人，占85.7%)。大部分都江堰受访游客(84.2%)从未去过其他大熊猫保护基地旅游。有478位游客(88.8%)表示喜欢野生动物旅游。

碧峰峡基地大部分受访游客的主要旅游目的也是观看大熊猫

(42.4%)及想近距离接触大熊猫(20.3%),其他是想了解大熊猫生态(20.3%)。在过去一年里初次访问熊猫基地的游客占大多数(221人,占83.1%)。从停留时间和花费金额来看,有179位(67.3%)旅客停留时间为1天及以下,停留1~2天的旅客占比27.1%;花费500元及以下的游客居多(122位,45.9%),其次为花费在501~1000元的游客(35.3%)。碧峰峡基地受访旅客平均停留时间长于都江堰基地,这与旅游地交通便捷性有关。碧峰峡游客曾到过其他大熊猫基地旅游者占35.0%,这一比例高于都江堰基地。88.7%的游客喜爱从事野生动物旅游,与都江堰相近。

对都江堰与碧峰峡两基地的游客行为进行特征量化分析(表3),结果显示,碧峰峡受访游客的旅游花费金额显著高于都江堰基地(p<0.0001);碧峰峡游客的平均月收入水平显著高于都江堰游客(p<0.001);游客来访碧峰峡大熊猫基地的旅游次数也显著多于都江堰基地(p<0.01)。

3.3 旅游倾向和游憩需求

进一步用多元逻辑斯蒂回归方法分析对游客去往其他大熊猫基地旅游倾向的影响因素,结果显示模型拟合良好,具有较好的统计意义(表4)。受访者月收入与其旅游倾向有着极显著的正相关关系,即受

表2 都江堰和碧峰峡基地受访游客的旅游动机和行为

项目	选项内容	都江堰		碧峰峡	
		频次	百分比(%)	频次	百分比(%)
到熊猫基地旅游的主要目的(多选)	想观看大熊猫	386	44.9	196	42.4
	想了解大熊猫生态	165	19.2	94	20.3
	想近距离接触大熊猫	238	27.7	135	29.2
	想了解熊猫保育教育现况	64	7.5	35	7.6
	其他*	6	0.7	2	0.4
过去一年(含本次)到此熊猫基地的旅游次数	1次	486	90.3	221	83.1
	2次	31	5.8	26	9.8
	3次(含)以上	21	3.9	19	7.1
到此熊猫基地内旅游的停留时间	1天(含)以下	505	93.9	179	67.3
	1~2天(含)	21	3.9	72	27.1
	2天以上	12	2.2	15	5.6
到熊猫基地旅游的花费金额	500元(含)以下	462	85.7	122	45.9
	501~1000元(含)	48	8.9	94	35.3
	1001~1500元(含)	12	2.2	29	10.9
	1501~2000元(含)	6	1.1	10	3.8
	2001元以上	10	1.8	11	4.2
是否曾到其他的大熊猫保护区旅游	是	85	15.8	93	35.0
	否	453	84.2	173	65.0
是否喜好从事野生动物旅游	是	478	88.8	236	88.7
	否	60	11.2	30	11.3

注:其他*如考察、陪伴家人、欣赏风景等。

表3 都江堰与碧峰峡基地游客的旅游行为特征差异

评估指标	都江堰（均值）	碧峰峡（均值）	T值	显著性
过去一年（含本次）到此熊猫基地的旅游次数（次/年/人）	1.21	1.39	1.95*	0.052
到熊猫基地旅游的花费金额（元/次/人）	519.8	813.0	5.97***	<0.0001
受访者月收入（元/月/人）	4973	5717	3.20***	0.001

注：* p<0.01；** p<0.05；*** p<0.001

表4 大熊猫基地的多地旅游倾向影响因素探讨

变量名称	估计值	Wald T值	显著性
常数项	−3.828	38.0***	<0.0001
到熊猫基地旅游的花费金额（元/次/人）	−0.001	−3.78*	0.052
受访者月收入（元/月/人）	0.0001	26.9***	<0.0001
旅游动机（想观看大熊猫为1，其他为0）	0.589	4.80**	0.028
这次到此熊猫基地旅游的整体满意度	0.276	4.95**	0.026
常数项	−3.828	38.0***	<0.0001
到熊猫基地旅游的花费金额（元/次/人）	−0.001	−3.78*	0.052
受访者月收入（元/月/人）	0.0001	26.9***	<0.0001

注：* p<0.01；** p<0.05；*** p<0.001

访者月收入越高，多次进行大熊猫旅游的机率也越高（p<0.0001）。另外，游客想观看大熊猫的旅游动机（p=0.025<0.05）与到此基地的整体满意度（p=0.026<0.05）都对大熊猫旅游倾向具有显著影响。而游客花费金额与旅游倾向呈负相关（p=0.052<0.1），花费越多的游客其多次旅游倾向越低。

利用多元线性回归模型对大熊猫基地游憩需求影响因素进行分析（表5），结果显示：曾到其他的大熊猫保护区旅游（p<0.001）和参加动物保护团体（p<0.01）这两项对大熊猫旅游次数有极显著影响。表明去过其他大熊猫保护区和参加动物保护团体的受访游客虽然较少，但这些游客对大熊猫旅游的需求最高。游客对大熊猫基地的整体满意度、旅游地点、受访者月收入这3项指标对旅游次数有显著影响（p<0.05），满意度越高、月收入越高的游客，其大熊猫游憩需求越高；碧峰峡基地与都江堰基地相比，游客的重返次数更多。而熊猫基地旅游花费金额则是没有显著影响的因素。

3.4 游客满意度及影响因素

按照从非常不同意至非常同意的1～5分赋分，都江堰和碧峰峡大熊猫基地受访游客对于"来此熊猫基地的收获与花费相比，觉得物超所值"的平均值分别为3.42±0.062分及3.54±0.059分，具有极显著差异（t=7.46，p<0.001）。"这次到此熊猫基地旅游的整体

表5 大熊猫基地游憩需求的影响因素分析

变量名称	估计值	T值	显著性
常数项	0.656	3.53***	<0.0001
到熊猫基地旅游的花费金额（元/次/人）	−3.00E−05	−0.34	0.735
受访者月收入（元/月/人）	2.41E−05	1.95**	0.051
旅游地点（都江堰为1，碧峰峡为0）	−0.188	−2.19**	0.029
教育程度（硕士以上为1，其他为0）	0.133	1.15	0.252
是否曾到其他的大熊猫保护区旅游（是为1，否为0）	0.348	4.29***	<0.0001
这次到此熊猫基地旅游的整体满意度	0.131	3.11**	0.002
是否有加入动物保育团体（是为1，否为0）	0.501	3.20***	0.001
因变量：过去一年（含本次）到此熊猫基地的旅游次数（次/年/人）			
F值：9.27***；F(0.01,7,795)=2.79			

注：* $p<0.01$；** $p<0.05$；*** $p<0.001$

表6 大熊猫基地游客整体满意度的影响因素分析

评估指标	F值/T值	显著性
过去一年（含本次）到此熊猫基地的旅游次数（次/年/人）	3.006	0.004***
教育程度	2.289	0.058*
受访者月收入（元/月/人）	1.851	0.056*
是否加入保育团体（加入为1，没有为0）	3.917	0.000***
想观看大熊猫（有此动机为1，没有为0）	1.971	0.050**
想了解大熊猫生态（有此动机为1，没有为0）	3.263	0.001***
想了解熊猫保育教育的现况（有此动机为1，没有为0）	2.588	0.010***

注：* $p<0.01$；** $p<0.05$；*** $p<0.001$

满意度非常高"的平均评分则为3.96±0.039及4.04±0.038分，差异极显著（t=7.11，p<0.001）。由此可见，碧峰峡大熊猫基地受访游客在旅游体验时有较高的满意度，且认为在此大熊猫基地的旅游花费是值得的，相比之下收获更多。

从不同社会经济背景、旅游目的和行为特征方面分析大熊猫基地满意度的影响因素，结果显示，是否加入保护团体是影响游客满意度的极显著影响因素（p<0.001），有过此经历游客的满意度显著高于其他游客；来大熊猫基地的旅游次数越多的游客整体满意度越高（p<0.001）；游客教育程度和平均月收入越高，对大熊猫基地的满意度越高（p<0.01）。除此之外，游客的旅游动机是游客满意度的显著影响因子。具有"想观看大熊猫"（p<0.05）、"想了解大熊猫生态"（p=0.001）、"想了解熊猫保育教育的现况"（p=0.010）这3种旅游动机的游客，其满意度更高，而"想

近距离接触大熊猫"的游客满意度与其他游客没有显著差异。

4 讨论

4.1 大熊猫旅游倾向及需求

有学者认为，游客感知价值是影响游憩需求的重要因素，感知价值与旅行花费共同作用，影响着游客的游憩需求，感知价值即旅游者对目的地旅游价值的感知[13]。而对于感知价值有显著影响的因子包含满意度、旅游动机、停留时间等。本研究表明，对于大熊猫游憩需求的影响因素较为突出的有：曾经的大熊猫基地旅游经历、受访者月收入、旅游动机、是否参加动物保育团体以及对大熊猫基地的满意度。这些与前人研究相符，属于感知价值协同花费金额对游憩需求的影响。也有学者指出，目的地形象、满意度以及追求新颖的旅游动机都会显著影响游客的游憩需求[14]，这也与本文得出的结论有相符。

对大熊猫观赏愿望越强、收入越高、满意度越好的游客会访问多个大熊猫基地。因此大熊猫基地间的联合营销是必要的。可以通过多种形式鼓励游客体验更多的大熊猫基地，如推出多基地旅游联票、举行多基地参与式教育活动。

曾参与过动物保育团体的游客对大熊猫的旅游需求更为显著。这可以解释为具有野生动物保护态度和行为的居民对大熊猫的自然体验有更多的需求。因此可为这些游客提供志愿服务体验活动，既解决正式员工不足的问题，又能更好地发挥基地的科研教育功能。

都江堰与碧峰峡两个大熊猫基地的受访游客组成比较相似，主要集中在40岁以下青年人，但都江堰高学历团体偏多，碧峰峡高收入团体偏多。从游客行为特征差异来看，相比都江堰基地，碧峰峡基地的游客花费金额更高、旅游时间更长、旅游次数更多，可以将其划定为具有多次多地大熊猫旅游特征的游客类群。因此对于这些有重游潜力的游客，碧峰峡基地在游客管理和科普教育项目上应有所侧重，比如增加重游优惠套餐和年票制、设计新颖的教育项目、增加纪念品、改善周边住宿条件等。

4.2 大熊猫旅游满意度及其影响因素

满意度的影响因素分析对旅游地的游客服务与管理决策尤为重要。国内学者对云南五大主要群体入境游客旅游满意度进行系统对比分析，发现满意度因游客的地域、社会文化背景和个体心理差异而不同，并与旅游动机和旅游方式密切相关[15]。这在本文中体现为游客教育程度、月收入、参与保护经历与旅游动机等方面的满意度差异性。另外，有研究显示旅游价格是一项影响满意度的重要因子[16]，本研究中对物超所值的分析就对应了游客在满意度感知方面的价格心理。

与前人研究有所不同，本研究将游憩需求与满意度有机地结合在一起探讨其相关性，更能体现出满意度对旅游目的地多重收益的重要性。结果显示，整体满意度与游憩需求呈现显著的正相关关系，提高游客的满意度更能吸引游客故地重游或者参与其他野生动物旅游。同时，游憩需求也反作用于满意度，多次去大熊猫基地旅游、参加保育团体的游客具有更高的满意度，这说明大熊猫基地在整体服务上得到这些游客的肯定，符合他们的心理期望值。

游客的满意度与其旅游动机有很密切的关系。而大熊猫基地作为单一观赏物种的野生动物旅游地，游客的旅游动机主要是出于对该物种的喜爱，以及了解和学习愿望。就目前大熊猫基地熊猫的展示数量与游程设置，可以基本满足人们对这一物种的观赏期望，所以具有上述旅游动机的游客对基地的整体满意度偏高。但因为与大熊猫很难近距离接触，这项动机没有对满意度产生影响。

大熊猫基地在调整相应的管理策略时，务必要考虑不同人群的旅游动机，在切合实际的情况下提供更好的观赏体验，如观看大熊猫机会的增加、提供更多的生态解说、保育教育等，从而提高人们对野生动物的保护意识，使游客愿意为保护大熊猫付诸行动。进行多渠道的营销宣传、指向性强的旅游套餐方案制定和活动策划，保证基地游憩服务质量，使得游客感觉物超所值，满意度得到显著提升，从而产生更好的社会效益与经济效益。

参考文献

[1] Semeniuk C. A. D., et al. A linked model of animal ecology and human behavior for the management of wildlife tourism[J]. Ecological Modeling, 2010, 221(22): 2699-2713.

[2] 王红英. 以野生动物为对象的休闲旅游影响与评价研究[D]. 北京林业大学, 2008.

[3] Reynolds P. C., Braithwaite D. Towards a conceptual framework for wildlifetourism[J]. Tourism Management, 2001, 22(1): 31-42.

[4] 丛丽, 吴必虎. 基于网络文本分析的野生动物旅游体验研究——以成都大熊猫繁育研究基地为例[J]. 北京大学学报(自然科学版), 2014, 50(06): 1087-1094.

[5] Pizam A., Neumann Y., Reichel A. Dimensions of tourist satisfaction with a destination area[J]. Annals of Tourism Research, 1978(5): 314-322.

[6] 李瑛. 旅游目的地游客满意度及影响因子分析——以西安地区国内市场为例[J]. 旅游学刊, 2008(04): 43-48.

[7] 戴斌, 等. 游客满意度测评体系的构建及实证研究[J]. 旅游学刊, 2012, 27(7): 74-80.

[8] 同[5].

[9] Pearce P. L., Moscardo G. Visitor Evaluation: an appraisal of goals and techniques[J]. Evaluation Review, 198, (9): 281-306.

[10] 刘国强. 基于IPA分析法的游客满意度创新研究——以深圳世界之窗景区为例[J]. 中国商贸, 2015(14): 139-141.

[11] 岳怀仁. 风景旅游区经营与管理[M]. 昆明: 云南大学出版社, 1998. 122.

[12] Likert R. A technique for measurement of attitudes[J]. Archives of Psychology, 1932, 22(14): 1-55.

[13] 韩静, 张茵. 游客感知价值对TCM评估游憩价值影响的介入方式比较研究——以湖南张谷英村为例[J]. 旅游科学, 2016, 30(5): 24-36.

[14] Assaker G., Vinzi V. E., O´Connor P. Examining the effect of novelty seeking, satisfaction, and destination image on tourists' return pattern: A two factor, non-linear latent growth model[J]. Tourism Management, 2010, 32(4): 800-901.

[15] 赵现红, 等. 旅华主要群体外国游客旅游满意度研究——以云南省为例[J]. 生态经济, 2007(4): 108-111.

[16] 方炜, 王莉丽, 许亚玲. 游客生态旅游满意度影响因素研究[J]. 商业研究, 2016(11): 168-176.

不同生境下野生动物旅游者对景区拥挤感知研究：以大熊猫国家公园为例

A Research on Congestive Perceptions of Wildlife Tourists: Case Study of Giant Panda National Park

文 / 于佳平 王梦桥 石绍萱 丛 丽

【摘 要】

本文选取大熊猫国家公园为案例地，针对旅游者网络评论文本，借助NVivo11软件、八爪鱼工具和微图工具，使用内容分析法，建立拥挤感知影响因素体系，分析对比国内野生动物旅游者在自然生境和半圈养生境下的拥挤感知情况。研究结果表明：相比自然生境，游客在半圈养生境下拥挤感知更为强烈；半圈养生境下游客拥挤感知主要受遭遇数量感知指标影响，而自然生境下主要受景区环境特征影响；游客的拥挤感知受到物理和心理等多方面共同影响。本研究对国家公园访客行为管理和提升游憩体验具有一定的参考意义。

【关键词】

拥挤感知；内容分析法；大熊猫国家公园；半圈养生境；自然生境

【作者简介】

于佳平　北京林业大学园林学院旅游管理系本科生

王梦桥　北京林业大学园林学院旅游管理系本科生

石绍萱　北京林业大学园林学院旅游管理系本科生

丛　丽　通讯作者，北京林业大学园林学院旅游管理系副教授

注：本文图片均由作者提供。

国家文化和旅游部的统计数据显示，2018上半年国内旅游人数28.26亿，比上年同期增长11.4%。过于集中的出游时间与急剧增长的旅游出行人数，使得众多旅游目的地在公共节假日期间出现了过度拥挤的情况。在如今旅游需求旺盛的背景下，旅游者需求趋于多样化，对旅游体验质量的要求也不断提高，而景区过度拥挤导致游客空间资源、旅游资源使用权有限，降低游客的旅游体验水平，成为景区管理的一大难题。随着国家公园体制的建立，大熊猫国家公园作为其中对人们非常有吸引力的一部分，部分景区已经出现或者将会面临拥挤问题，如成都大熊猫繁育基地在节假日已经面临着严峻的拥挤问题。因此探索大熊猫国家公园中游客拥挤感知相关问题，并基于此建立健全景区游客管理机制、提升游客体验水平是一大亟需探索研究的领域。

1 研究综述

1.1 国家公园与野生动物旅游

1832年美国艺术家乔治·卡特林最先提出的"国家公园"概念，强调了国家公园建设中保护的重要性[1]。1872年，美国建立黄石国家公园，在强调资源保护的前提下也满足人们的游憩需求[2]。国外相关研究包括管理体制、经营机制、社区居民参与、旅游者游憩行为研究等方面。与国外相比，国内对于国家公园的研究起步较晚，国内最早关于国家公园的研究文献出现在1982年[3]，后期研究主要集中于国外发达国家经验介绍和我国体制试点的可行性探讨，以旅游者视角进行的游憩体验研究还相对缺乏。2017年我国开展了国家公园体制试点，到目前已设立了10个国家公园体制试点，2017年4月大熊猫国家公园体制建立。大熊猫国家公园作为野生动物旅游资源的一部分，其生境可分为三种类型，分别为圈养生境、半圈养生境和自然生境。

国外对于野生动物旅游的研究起步较早，1996年第一本阐述野生动物旅游理论的专著《野生动物旅游》的出版，成为引起人们关注野生动物旅游的契机。自此，野生动物旅游研究不断深入，形成了以非资源消耗型野生动物旅游为重点研究对象，以野生动物旅游概念的界定、影响、利益相关者等为研究内容的系统性野生动物旅游研究，与国外相比，国内仅有极少数学者对野生动物旅游风险感知和体验进行了探索性研究[4-11]。

1.2 拥挤概念界定

关于拥挤度感知的大多数研究都是在美国和加拿大开展的[12-14]。目前国外学者普遍将拥挤作为一种消极评价，用于描述一种特定密度或遇见者数量[15-17]。从心理学角度来看，拥挤是一种由压力产生的心理状态，具有激励属性[18]。

目前国内一般将拥挤感知当作一种对旅游感知容量、心理容量以及环境承载力的衡量，是指在某一旅游地环境的现存状态和结构组合不发生对当代及未来人有害变化的前提下，在一定时期内旅游地所能承受的旅游者人数[19]，同时拥挤也是一种处于特定状况下的心理状态[20]。

1.3 拥挤感知的研究方法

国外对旅游拥挤的研究建立在大量案例分析的基础上，以问卷法为主。为了测量拥挤感知，通常基于调查评估"用户之间的遭遇数量"，即通过获取游客感受与其他人在路上相遇的数量，类型和位置等来判断游客看法[21-23]。

国内研究中数据获取多使用访谈法、问卷调查法，后期分析中拥挤感知的测量方法多样，吴瑞瑜、付键[24, 25]等人在研究中使用电脑视觉模拟法，王冰、解腾蛟、张圆刚[26-28]等人在研究中使用数学模型来进行测量，罗艳菊[29]则进行统计描述。韩艳等人使用意愿调查法进行定量分析，并基于排序选择模型建立游客拥挤感知模型[30]。

1.4 拥挤感知的影响因素

拥挤感知的影响因素研究是拥挤研究中的重要内容。国内外学者都认为环境拥挤与人员密度、特定场合、特定时间的容人量密切相关，且环境拥挤都会受到主客观因素的双重影响。国外相关研究中，旅游拥挤感知的重要影响因素主要可分为环境、个人、他人三类因素，环境因素包括如地理位置、发展程度、公共设施的数量和质量等[31-33]。进入21世纪后，在国外有关拥挤感知的影响因素的相关研究中，个人因素的研究增多，学者们主要是从游客个人特点和游客之间的关系两个角度来研究旅游拥挤的影响因素。格拉曼（Gramann）在研究高密度地区拥挤感知影响因素时，将旅游拥挤分为目标拥挤、行为拥挤和物理拥挤，总结的3种拥挤类型的影响因素分别为游客心理可接受最高密度水平、其他游客行为影响程度和空间限制[34]。韦弗（Weaver）以华盛顿白鲑鱼河为例，研究发现相遇者、排队时间和游客体验经历与旅游拥挤具有高度相关性[35]。霍洛韦（Holloway）探讨了游客个人性格特点对拥挤感知的影响，发现性格不同的游客拥挤感知不同[36]。卢克吉尔（Luque-Gil）等人将旅游者分为社交型、运动型、学习型、自然型四类，研究不同动机旅游者的拥挤感知状况，发现运动和自然型旅游者比学习型旅游者更容易感知拥挤，通过交互分析发现，年龄和就业状况可以缓和动机类型与拥挤感之间的关系[37]。

国内有关拥挤感知的研究中，认为拥挤感知影响因素存在不易控性和区域差异性，这可能和影响拥挤感知的指标受心理作用的影响相关[38]，不同的旅游阶段也会影响游客旅游感知[39]。和国外相类似，大部分国内研究认为影响拥挤感知的因素为环境因素、个人因素、社会因素[40-45]，其中社会因素多被认为是由其他游客的数量、团体大小数量等因子组成。除此之外还有一些其他维度的分类：耿悦将影响拥挤感知的三类影响因素总结为人口统计特征因素、游憩特征因素、拥挤特征因素[46]；李莉等人从个体对空间需求和供给的评价出发，将游客在景区的拥挤感知分为物理拥挤和社交拥挤两个维度[47]。

1.5 游客调适机制相关研究

调适机制最先是由城市社会学家应用于娱乐场所的研究，20世纪70年代末才开始引入旅游拥挤的研究当中，学者发现当旅游者感知到拥挤时会采取相应的调适策略以提高自身体验质量[48]。旅游者面对拥挤感知可能采取的调适机制主要包括转移、合理化和产品转换。转移机制包括时间转移与空间转移，时间转移是指选择人流较少的时段前来游玩。空间转移，一类是在一个游憩区域内转换，另一类是游憩区域之间的转换。合理化是指大众游憩活动是一种自愿和自我选择的行为，同时花费大量金钱、时间和精力，有些旅游者会漠视拥挤的感觉以避免破坏旅游体验[49-51]。产品认知调整是指旅游者根据旅游环境和旅游体验，通过调整自身偏好和期望，保持较高满意度的行为[52]。根据以上内容，在旅游拥挤研究模型中，调适行为主要包括身体和认知能力两方面，旅游者的个人调适能力对拥挤感知和满意度具有较大的影响[53]。

国内对拥挤状态下游客调适机制的研究较少，现有研究主要是通过案例实证分析游客拥挤感知与游客的调适反应。相关研究表明，游客拥挤感知不同，会导致游客采取不同的调适行为，以实现自己的付出与满意度的协调[54]。武鑫森探讨游客行为选择和行为调整机理，探讨行为调整与游客拥挤感知之间的关系，为旅游信息发布提供基础数据，实现景区游客时空合理分布[55]。张丛文提出游客在杭州西溪国家湿地公园拥挤情境中采取认知调适、行为调适和时间调适三种方式降低拥挤感[56]。通过调适行为的探讨，能够了解造成游客拥挤感的内在规律，有利于有针对性地采取措施提升游客旅游体验质量和满意度。

2 研究设计

2.1 案例地选取

本研究选取了大熊猫国家公园作为案例地，其中成都大熊猫繁育研究基地是半圈养型生境的典型代表（图1、图2），而雅安碧峰峡基地和王朗国家级自然保护区则属于自然生境的良好代表。随着国家公园试点的推进，大熊猫国家公园受到越来越多的关注，拥挤问题也随之更为突出。不同生境下游客的拥挤感知可能存在差异，需要进一步探讨。

2.2 研究方法

本研究主要使用网络文本内容分析法。随着互联网的普及，越来越多的游客在游览过后会在网络平台上发表评价和感受。而将这些文本信息进行系统科学的定性分析，就能转化为数字型的研究结果。其重要研究过程包括高频词汇统计的词频分析单元，以及对文本内容进行提炼和抽取的编码单元[57]。

2.3 数据样本收集

以"大熊猫""碧峰峡""王朗"为关键词搜索相关旅游网站，选取携程网及马蜂窝网为数据样本来源，网站中的短评能够比较客观地反映游客的真实评价和想法。利用八爪鱼工具进行短评抓取，剔除英文短评，无实意、重复短评，将其导入word文档。其中成都大熊猫繁育研究基地短评共计8154条，合计11万字，时间跨度从2011年12月20日到2018年7月6日。雅安碧峰峡基地和王朗国家级自然保护区短评共计323条，合计2.2万字，

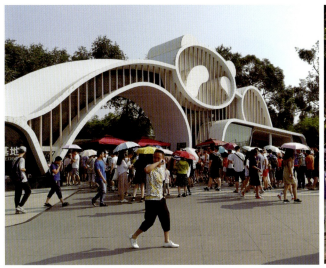

图1 成都大熊猫繁育基地售票口

图2 成都大熊猫繁育基地游览车排队口

时间跨度从2013年10月19日到2018年6月28日。

2.4 文本内容分析
2.4.1 词频及语意分析

（1）半圈养生境——成都大熊猫繁育研究基地

利用微图分析工具对文本进行关键词提取，从短评中共抓取核心关键词1111个。排除无实意和不相关动词，前十个关键词及其权重数值见表1。

由表1可知，目的地主要吸引物——"熊猫""大熊猫"是核心高频词，"可爱"是最高频的形容词。关键词"很多"权重94.33，排名第7，经过文本回溯，"很多"绝大部分用来描述人多，少部分用来描述熊猫的多少。其中"排队"关键词虽不在排行前十，但是权重33.14，也占一定比例。通过短评关键词，可看出来游客对基地的拥挤有一定的感知，文本具有一定参考性。

表1 成都大熊猫繁育研究基地游客评论前十高频关键词百分比

排名	关键词	权重（百分比）
1	熊猫	391.95
2	大熊猫	300.92
3	可爱	228.57
4	基地	188.56
5	小熊猫	134.24
6	成都	105.01
7	很多	94.33
8	国宝	74.93
9	产房	63.49
10	值得	62.38

根据语意分析工具，短评整体的综合分为0.519（对每条评论进行分析评分，结果为0~1，0为最负面，1为最正面），整体评价处于一般偏上水平。短评共计8154条，正面情感评论共计5616条，占比68.87%；负面情感评论占比31.13%（图3）。

典型负面评价：

①"去的时候不知道，为什么根本没有产房了，呜呜，熊猫少得也可怜，是不是去得早的原因。"（评分 0.38）

②"人多人多，只能看见头，熊猫没看见几只。"（评分 0.42）

③"春节去的，都是人，只在月亮产房看见了大熊猫，剩下只能看见人头。"（评分 0.42）

典型正面评价：

①"看起来很不错，而且（实际上）也很不错。"（评分 0.75）

②"真的很不错，熊猫超可爱，空气也很好！"（评分 0.69）

③"非常好，值得拥有，国宝太好玩了。"（评分 0.67）

从典型正负面评价来看，负面评价中含有一部分游客对人多拥挤的评述，证明拥挤一定程度上会造成满意度下降，影响游客体验。从正面评价来看，主要是对熊猫可爱，基地值得一去的描述。

（2）自然生境——雅安碧峰峡基地和王朗国家级自然保护区

利用微图分析工具对文本进行关键词提取，短评中抓取核心关键词304个。排除无实意和不相关动词，前十个关键词及其权重见表2。

根据表2，"熊猫""基地"和"大熊猫"为核心高频词，兼有描述性形容词"不错""值得"，对比半圈养生境，以"很多"为关键词，占权重只有11.10，排名11。根据评论回溯查找，多是在描述熊猫很多，志愿者或是纪念品很多，而几乎不见关于人多的描述。由此可以从侧面看出，这两个面积较大的自然生境，可能由于开发较晚，保护力度更大，因而游客拥挤度感知不是非常明显。

根据语意分析结果，短评整体

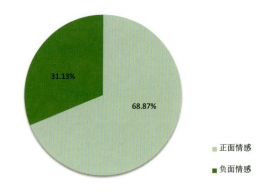

图3 成都大熊猫繁育研究基地游客评论情感分布

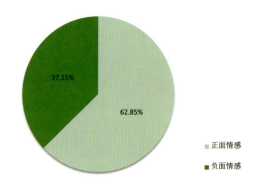

图4 雅安碧峰峡基地和王朗国家级自然保护区游客评论情感分布

表2 雅安碧峰峡基地和王朗国家级自然保护区游客评论前十高频关键词百分比

排名	关键词	权重（百分比）
1	熊猫	70.42
2	基地	36.44
3	大熊猫	33.95
4	景区	33.16
5	可爱	32.71
6	碧峰峡	25.72
7	看到	29.38
8	地方	18.50
9	不错	17.50
10	值得	12.16

的综合分为0.518（对每条评论进行分析评分,结果为0~1,0为最负面,1为最正面）,整体评价处于一般偏上水平。短评共计323条,正面情感评论共计203,占比62.85%；负面情感评论共计120条,占比37.15%(图4)。

典型负面评价：

① "景区组织者太差了,根本不值得一来,票价还贵,徒有虚名。"（评分0.41）

② "国庆节完全不推荐。景区接待能力差,管理非常差。一路上交警乱指挥,一路劝返回,反而使不堵的道路造成拥堵。"（评分0.42）

③ "不值得去,治安差,车刚到,全是本地开的饭店和逃票的,一大群人,地痞流氓,如果没有在他那里花钱就要找你麻烦,主要是自驾游的。"（评分0.44）

典型正面评价：

① "在这个时间出行,性价比很高,推荐。"（评分0.65）

② "熊猫很可爱,有点憨,园区很干净。"（评分0.65）

③ "不错的旅程,雪景非常的漂亮,值得一游。"（评分0.63）

从典型正负面评价来看,负面评价中主要是对景区门票、管理接待等不满,少有涉及拥挤问题的,正面主要是对性价比和环境的称赞。

(3) 两种生境对比结论

两种生境中,核心高频词有相似性,包括"熊猫""地点""景点","可爱"是其共有且出现频率较高的形容词,主要用于对熊猫的描述。以关键词"很多"为例,成都大熊猫繁育研究基地的游客对拥挤的感知比其他两地更为明显。"值得"是两种生境共同出现的关键词,表明游客的整体评价比较正面积极。

两种生境中,情感综合分相差不大,都在0.5分偏上的程度,整体感情中性偏好。但两种生境中,典型负面评价的关注点不同,拥挤对其影响程度也不同。其中成都大熊猫繁育研究基地拥挤对负面评价的产生影响较大,而剩下的两个地方拥挤问题不明显,由此造成的负面评价也较少。正面的评价关注点有相似性,比如对熊猫可爱的评价和对景区环境的评价。

2.4.2 文本数据编码

在以上词频和语义分析的基础上,本研究用质性分析软件NVivo11进行文本分析编码工作。操作步骤如下：首先将整理后的文本导入NVivo11软件中,对其仔细阅读,将可以反映旅游者拥挤感知的相关信息词句标记出来,保存为自由节点。如果一段文字涵盖几个节点,则分别标记在不同的节点下[58]。通读文本后,共整理参考点998处,在自由节点的基础上,进一步做核心主题提炼归纳,共得到6个一级编码(表3)。

3 数据结果分析

通过质性分析软件NVivo11进行文本分析编码工作,将两种生境下的游客评论分开编码,将各参考点数量及覆盖率进行汇总(表4),根据数据结果对半圈养生境和自然生境下的各指标进行分析。

3.1 半圈养生境下游客拥挤感知影响因子分析（成都大熊猫繁育研究基地）

3.1.1 游客行为特征

游客行为特征的参考点共计154个,占比23.16%,文本覆盖率达1.73%,其中停留时间、停留地点是主要能感知到的影响因子。停留时间上,游客多选择在夏季的上午游览,值得注意的是在春节和"十一"等假期选择前往的游客格外多；停留地点上,游客倾向于直奔产房观看熊猫宝宝,其中太阳产房和月亮产房是多数人的必经之地,同时也是游客拥挤感知度高的地方。如游客所说："太阳和月亮两个产房人特别多,需要排队"；停留动机上,国宝熊猫是占比最高的动机,其次亲子休闲的动机占比很大,同时,从侧面来讲,游客会评论景区内小孩子众多,有时会出现过分吵闹的现象。

3.1.2 游客拥挤感知特征

游客拥挤感知特征,主要涉及游客对景区拥挤情况的预判以及相应的缓解调适行为,拥挤应对是主要的影响因子,该二级指标文本覆盖率达到了1.42%,是覆盖率第二高的二级指标。拥挤应对上,从一年的时间节点上来看,游客会倾向于避开高峰期——节假日、寒暑假和周末,从一天的时间节点上来看,游客会倾向于选择并推荐早去,正如游客所说："建议一大早赶8点就去,人还能相对少一点"；综合各方面原因来看,选择早去的原因主要有四点：第一,早晨去人会少,一般从10点以后游客增多,旅游团也会相继进入；第二,早晨熊猫的外出活动概率大；第三,早晨温度较适宜,即使人多,拥挤感也不会过于明显。第四,早去不用排队就能尽快坐上游览车直奔产房,更好地观察大熊猫。

值得注意的是节假日、寒暑假,尽管早去也会遇到人多的情况,通常

表3 拥挤度感知的影响因子及典型评论实例

一级指标	二级指标	典型评论示例
游客行为特征	停留时间	1."游玩时间大概2~3个小时"
		2."我是在里面待了五六个小时"
	停留地点	1."坐园区小车去最里面的产房等待看熊猫宝宝"
		2."去了太阳产房和月亮产房"
	停留动机	1."去了太阳产房和月亮产房,看到了刚刚出生的小熊猫和几个月大的熊猫"
		2."主要还是在太阳和月亮两个馆看大熊猫"
游客拥挤感知特征	拥挤期望	1."接待能力太弱,每日最高1600人"
		2."人也比较少,不像有些景点人多到爆"
	拥挤应对	1."听去过的朋友说一定要在早上去"
		2."尽量早点去熊猫基地(去晚了遇到高峰期人会很多,看着不爽)"
遭遇数量感知	遭遇人数	1."人多,人多,人真的很多"
		2."没有太多游客,不拥挤"
	遭遇团队	1."在路上还遇到一群韩国人"
		2."很多外国人做志愿者"
他人的行为	不当行为	1."车刚到,全是本地开饭店和逃票的,一大群人,地痞流氓,如果没有在他那里花钱,就要找你麻烦"
		2."因为熊猫背对着他,所以他就一直在用力地敲击玻璃想让熊猫看他"
	友善行为	1."这里的人却是这么的热情淳朴!在这里你会觉得陌生人也可以一见如故,路人也随时向你伸出援助之手"
		2."先到白马王朗景区,晚上感受了白马姑娘和小伙儿的热情"
景区环境特征	停车场拥堵	1."那里有个超大的停车场,开车过去还是很方便的"
		2."停车场很空"
	景区空间拥挤程度	1."园区很大,景点太分散了"
		2."地方倒是都还挺大的"
	售票口拥挤	1."很多人当时还排在售票窗口等着买票"
		2."售票排队时间不长"
	景区内道路拥挤	1."所有的道路都被两旁的竹子挡上了树荫,走在这样的道路上,安静得能听到自己的脚步声"
		2."来回的必经之路好像是在整修道路,造成拥堵"
	景区生态环境	1."环境很美,很安静,景色怡人。有小溪、湖泊、白鹭。青绿的竹林,如在画中游"
		2."基地里环境宜人,植被茂盛"
	游览车的拥挤程度	1."观光车排队太长"
		2."八点多到的,感觉人还不是特别多,但是坐观光车的已经排起了长龙"
不可控环境因素	天气气候	1."因为太热了"
		2."天气有点热"
	交通状况	1."熊猫大道地铁站有去熊猫基地的直通车"
		2."公共交通所需时间长"
	景区区位	1."大熊猫基地位于郊区"
		2."离市区挺远的"

表4 各参考点覆盖率

一级指标	二级指标	成都大熊猫繁育研究基地			雅安碧峰峡基地和王朗国家级自然保护区		
		参考点数量	二级指标覆盖率（%）	覆盖率排名	参考点数量	二级指标覆盖率（%）	覆盖率排名
游客行为特征	停留时间	67	0.87	3	45	4.18	2
	停留地点	49	0.55	6	13	2.73	6
	停留动机	38	0.31	9	32	3.49	3
游客拥挤感知特征	拥挤应对	88	1.42	2	5	0.56	15
	拥挤期望	2	0.10	14	5	0.53	16
遭遇数量感知	遭遇人数	139	1.61	1	33	2.13	7
	遭遇团队	28	0.31	10	9	1.04	12
他人行为	不当行为	15	0.41	8	6	1.01	13
	友善行为	4	0.06	16	14	1.49	10
景区环境特征	停车场拥挤	5	0.04	18	1	0.11	18
	景区空间拥挤程度	30	0.20	13	17	2.78	5
	售票口拥挤	21	0.29	11	7	0.92	14
	景区内道路拥挤	7	0.06	17	2	0.22	17
	景区生态环境	50	0.43	7	72	5.12	1
	游览车的拥挤程度	37	0.59	5	12	1.45	11
不可控因素	天气气候	20	0.21	12	18	1.64	8
	交通状况	52	0.64	4	22	2.97	4
	景区区位	13	0.09	15	12	1.64	9

在景区售票口、卫生间、观光游览车、核心景点等地都会出现爆满排队和拥挤的情况。同时当游客采取相同的措施应对拥挤问题时，有时可能会适得其反。如某游客认为："因为怕晚去会太多人，所以我们一早就出发，但可能大家都是这么想的吧。所以感觉并没有错开高峰。"

3.1.3 遭遇数量感知

遭遇数量感知在一级指标中覆盖率最大，为1.61%，其下的二级指标"遭遇人数"在二级指标中覆盖率最大，说明该指标是游客能明显感知拥挤的因素。从遭遇人数看，游客对人数的感知没有确切的数字界定，但会用"特别多""很多"等这样的模糊描述，如"人真心多，老外也不少！"当游客感知到人很多时，评论中多会有对景区的不满，如："节假日期间根本不限制游客数量，不对游客进行分流，导致园内人满为患，影响游玩的兴致。"同时也会降低整体满意度，游客夸赞景区环境好、熊猫可爱的同时会遗憾地说："就是人太多了。"

从遭遇团队上看，游客能够明显感知到外国人多、小孩子多。正如游客所说："外国人比我们自己同胞多"；"碰到了一个团，有导游。来自各地的游客都很多，内地游客、香港学生团、外国人都爱来看熊猫"。

3.1.4 景区环境特征

关于环境因素的参考节点共有150条，占总参考点的22.56%，文本覆盖率达到1.61%。游客普遍感知到景区环境优美、干净卫生，整个基地较大，当人流分散时不会显得人多或是拥挤。有游客评论说："整个基地还是比较大的，一个大公园的感觉"；"熊猫基地很大，人进去之后就分散了"。

售票口排队和游览车的拥挤现象，是游客感知拥挤的重要方面。随着电子门票的推广，游客可在网上提前预定门票，免去在门口排长队买票的困扰。但节假日旺季时仍然有排队拥挤问题。游览车的排队现象严重，等候时间长成了游客普遍不满的地方。游客说："我们八点半到的，等电瓶车的队伍已经是前不见头后不见尾，还是周一，周日没敢去"；"作为国家级景区，却没有人流限制，园内环保观光车只有12辆，每车13人。每天入园上万人"。可见，由于人数过多但游览车资源少，游客通常需要排队1~2个小时才能搭上车。这方面会造成游客满意度降低，景区管理者应格外注意。

3.1.5 不可控环境因素

不可控环境因素虽然文本覆盖率相对较小，但在交通状况这个二级指标上具有一定的显著性。交通状况主要指景区外的交通，从2012年到2018年，随着交通便利性提高、地铁开通，景区的可达性提升，游客普遍反映基地的交通比较方便，有的游客评论说："坐地铁坐到熊猫大道站，出了地铁站，门口就有售票的移动车，以及免费到基地门口的巴士，所以可以直接在那里买票然后上车。"但也有游客提到成都上班早高峰会影响出行计划，高峰期间公交车、私家车多，管制较差，也会造成一定的拥挤感。

3.2 自然生境下游客拥挤感知影响因子分析（雅安碧峰峡基地和王朗国家级自然保护区）

3.2.1 游客行为特征

关于游客行为特征的参考点共有90条，占总参考点的27.61%。其中游客的停留时间和停留动机较为突出，分别有45、32个参考节点；游客多选择在夏季、冬季前往，特别突出的时间节点有国庆期间，一天之中游客在景区内的停留时间点多为上午；在旅游动机中，以"观看大熊猫"为主，同时游客停留动机与游客停留时间有一定关联性：较多游客因为看雪、避暑动机选择在冬季、夏季前往，如游客所说，"来这里主要是看雪景，最好的季节还是夏天，准备夏天再来避暑"；另外，景区内原生态的自然环境、秀美静谧的风景也成为部分游客前往的动机。

3.2.2 游客拥挤感知特征

拥挤期望、拥挤应对的文本覆盖率分别为0.56%、0.53%，由此可见，拥挤期望、拥挤应对对自然生境下的游客拥挤感知影响较弱。

3.2.3 遭遇数量感知

遭遇数量感知有3.17%的覆盖率，但是明显呈现出游客数量较少的特点。由于王朗自然保护区和碧峰峡野生动物园的周边环境和景区性质存在显著区别，游客对遭遇团队因素的感知也存在不同：在王朗自然保护区，游客更多提到了其周边白马族的姑娘和小伙子；而在碧峰峡野生动物园游览中，游客强烈感知到外国志愿者这个团体的存在，如"有很多国外的志愿者在此工作"。

3.2.4 他人行为

他人行为中的"他人"涵盖了游客在旅行途中所遇到的所有人，包含不当行为和友善行为两个方面。在有关王朗自然保护区和碧峰峡野生动物园的网络评论中，有较多条描述了游客大声喧闹、为挤车打架，景区工作人员的服务态度不好，当地人强迫游客消费等不当行为，如游客描述"车刚到，全是本地开饭店和逃票的，一大群人，地痞流氓，如果没有在他那里花钱，就要找你麻烦"；除此之外，景区内还存在游客被动物袭击的情况。这些不当行为所带来的负面情绪，在一定程度上加强了游客的拥挤感知。在友善行为中，王朗自然保护区和碧峰峡野生动物园的游客对他人友善行为的感知有较为明显的差异：前往王朗自然保护区的游客，更多地感受到当地白马族的热情友善、淳朴善良，尤其是白马族姑娘的讲解、藏寨村民的住宿服务，这些友善行为感知最为显著，正如游客说所"这里的人却是这么的热情淳朴！在这里你会觉得陌生人也可以一见如故，路人也随时向你伸出援助之手"；在碧峰峡野生动物园游览过程中，游客对景区提供的服务行为感知强烈，这些行为具体包括提供免费热水、导游员态度好等；与不当行为相反，友善行为所产生的正面情绪在一定程度上能够有效降低游客对拥挤的感知。

3.2.5 景区环境特征

人们对景区环境的感知集中体现在景区生态环境的感知方面。该因子有72个参考点，占19个影响因子的首位，文本覆盖率高达5.12%。王朗自然保护区和碧峰峡

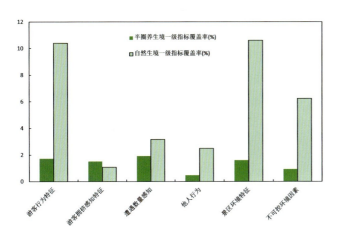

图5　两种生境下一级指标覆盖率柱状图

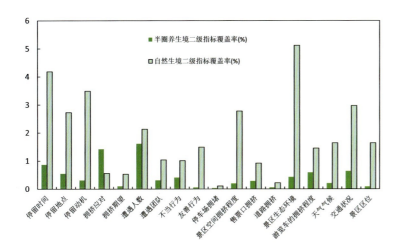

图6　两种生境下二级指标覆盖率柱状图

野生动物园的优越生态环境从心理和身体上为游客带来舒适性，从而对游客的拥挤感知起着积极作用。另外，由于景区内部交通良好、空间开阔，售票口、停车场、道路不存在拥挤问题，游客很少感受到拥挤。

3.2.6 不可控环境因素

不可控环境因素共有53参考点，文本覆盖率为6.25%。由于景区区位条件差，交通极其不便，游客的旅游时间比变大，导致游客对交通状况感知强烈且负面情绪增加；另外，王朗自然保护区内温度较低，碧峰峡野生动物园内雨天较多，降低了游客游览的舒适性。交通状况和天气状况对前往自然生境下的游客的拥挤感知起到了消极作用。

4 对比与总结

经过对比分析，得出以下几点初步结论（图5、图6）：

（1）不同生境下，影响拥挤感知的主要指标不同

半圈养生境中，"遭遇数量感知"是影响游客拥挤感知最显著的一级指标，其次是"游客行为特征"这一指标；而"他人行为"和"不可控因素"对其影响相对微弱。自然生境下，"景区环境特征"是影响最大的指标，"游客行为特征"是第二大指标，而游客拥挤感知特征在自然生境下影响微弱。

（2）与自然生境相比，半圈养生境下，游客的拥挤感知更为强烈

游客拥挤感知不仅取决于物理空间使用程度，同时"游客行为特征""游客拥挤感知特征""遭遇数量感知""他人行为""景区环境特征""不可控环境因素"会同时不同程度地影响游客的心理状态及情绪，进而影响拥挤感知。自然生境拥有优越的生态环境和开阔的景区空间，会在一定程度上削弱游客拥挤的感知，而不可控环境因素会对游客拥挤感知产生消极影响。在半圈养生境中，当游客对拥挤感受强烈时，会引发许多针对性的负面情绪，降低体验质量，以至于在网上发表负面评价。

（3）拥挤应对在不同生境下影响程度不同

半圈养生境下，由于拥挤现象较突出，游客的拥挤应对调适行为更为显著，相对评论更多，错峰出行是其选择最多的方法。而在自然生境下，游客拥挤调适行为不明显，影响程度小。

5 总结与建议

通过横向对比研究分析，由于生态环境、规模、性质等方面不同，不同生境下游客拥挤感知存在差异，所以在国家公园管理中应当"因地制宜"，针对不同性质和功能的国家公园采取不同措施，从而有效缓解

甚至避免拥挤情况。

对于半圈养生境下的大熊猫国家公园，重点应放在景区内部的规划上，提升游客体验的舒适度。景区内部规划作为外部因素，在与游客互动的过程中，会在一定程度上影响游客拥挤度感知，尤其以景区设施、景区空间、景区卫生、景区交通最为关键。公园管理者在进行公园建设中应当注意以下几点：一是景区售票口、停车场应当安排专门人员引导和管理，防止拥堵现象出现；二是景区在空间设计上，应该合理分布景点位置，避免过度集中和过度分散。景区空间应尽量营造开阔深远的氛围，同时结合标识牌有效引导分散人流，对于人气高的景点可设置多个观景点和道路；三是在人流较大的地方和游客汇集的地方应保证基础设施数量恰当分布，减少因服务设施缺乏引发的游客争抢现象。

对于自然生境下的大熊猫国家公园，应当重点改善外部交通状况，方便游客出行；另外，公园可以在相关网络平台上推送游玩攻略，为游客提供出行信息，减少游客在出行时间、气候条件、交通方式上的不便。

除此之外，拥挤调适需要公园管理者、政府、社会等各方团体共同协作。通过旅游宣传视频、专业导游、解说牌、标识（语）等方式教育和引导游客，使其规范和约束自身行为，减少不当行为发生。

本文的研究结果对国家公园的拥挤调适、人流管理和景区规划具有重要的参考和借鉴意义。然而，本研究也存在一定的局限性：

（1）利用网络文本分析法对大熊猫国家公园游客的拥挤度感知进行了探究，在对网络文本进行编码的过程中，会受到编码者的主观经验影响，可能存在一定偏差，所以在后续研究中，有待从实证研究角度进一步验证国家公园拥挤感知影响因素体系。

（2）与成都大熊猫繁育研究基地的数据相比，王朗自然保护区和碧峰峡野生动物园的网络评论数量较少，对自然生境下的分析可能不全面。

（3）仅从大熊猫国家公园的角度研究了不同生境下野生动物旅游者的拥挤度感知差异，缺乏对如东北虎豹国家公园等其他相关案例地的拥挤感知差异研究，有待进一步求证完善。

基金项目

本研究受国家自然科学基金项目"中国野生动物栖息地旅游者行为特征及调控机制研究"（编号 41601129）、中央高校基本科研业务费专项资金项目资助（编号 2015ZCQ-YL-04）、北京林业大学美丽中国人居研究院项目资助、北京林业大学大学生创新创业训练计划国家级项目"旅游井喷"背景下野生动物旅游者对目的地拥挤度感知研究——以大熊猫国家公园为例（编号：201810022011）共同资助。

参考文献

[1] Nash R. The American invention of national parks[J]. American Quarterly, 1970, 22(3): 726-735.

[2] 王蕾, 范文静, 刘彤. 国家公园研究综述：回顾与展望[J]. 中国旅游评论, 2015(02): 44-58.

[3] 孙筱祥. 美国的国家公园[J]. 北京林业大学学报, 1982(2): 43-49.

[4] Duffus D. A., Dearden P. Non-consumptive wildlife oriented recreation, a conceptual framework[J]. Biological Conservation, 1990, 53(2): 213-231.

[5] Sekhar N. U. Local people's attitudes towards conservation and wildlife tourism around Sariska Tiger Reserve, India[J]. Journal of Environmental Management, 2003, 69(2): 339-347.

[6] Reynolds P. C., Braithwaite D. Towards a conceptual framework for wildlife tourism[J]. Tourism Management, 2001, 22(3): 31-42.

[7] 徐红罡. 中国非消费型野生动物旅游若干问题研究[J]. 地理与地理信息科学, 2004(02): 83-86.

[8] 马晓哲, 白素英. 野生动物旅游产品现状初探[J]. 野生动物, 2011(01): 46-48.

[9] 丛丽, 吴必虎, 张玉钧, David Newsome. 非资源消费型野生动物旅游风险感知研究：澳大利亚班布里海豚探索中心实证[J]. 北京大学学报（自然科学版）, 2017, 53(01): 179-188.

[10] 丛丽, 吴必虎, 李炯华. 国外野生动物旅游研究综述[J]. 旅游学刊, 2012, 27(05): 57-65.

[11] 丛丽, 吴必虎. 基于网络文本分析的野生动物旅游体验研究——以成都大熊猫繁育研究基地为例[J]. 北京大学学报（自然科学版）, 2014, 50(06): 1087-1094.

[12] Graefe A. R., Vaske J. J., Kuss F. R. Social carrying capacity: an integration and synthesis of twenty years of research[J]. Leisure Sciences, 1984, 4(6): 395-431.

[13] Pereira D. S. C. Beach carrying capacity assessment: how important is it？[J]. Journal of Coastal Research. 2002(36): 190-197.

[14] Arnberger A., Mann C. Crowding in European forests: a review of recent research and implications for forest management and policy[J]. Forestry, 2008, 4(81): 559-567.

[15] Shelby B., Vaske J. J., Heberlein T. A. Comparative analysis of crowding in multiple locations: results from fifteen years of research[J]. Leisure Sciences, 1989, 11(4): 269-291.

[16] Schmidt D. E., Keating J. P. Human crowding and personal control: an integration of the research[J]. Psychological Bulletin, 1979, 86(4): 680-700.

[17] Stokols D. A social psychological model of human crowding phenomena[J]. Aip Journal, 1972, 38(2): 72-83.

[18] Bell P. A., Fisher J. D., Baum A., et al. Environmental Psychology(the 5th Edition)[M]. Philadelphia: Holt, Rinehart, Winston, Inc, 1990: 279-321.

[19] 崔凤军. 论旅游环境承载力——持续发展旅游的判据之一[J]. 经济地理, 1995, 1(15): 105-109.

[20] 张俊彦. 游憩规划中游客拥挤知觉之分析——以阳明山国家公园为例[D]. 台湾大学, 1987.

[21] 同[15].

[22] Patterson M. E., Hammitt W. E. Backcountry encounters norms, actual reported encounters, and their relationship to wilderness solitude[J]. Journal of Leisure Research, 1990, 3(22): 259-275.

[23] Tarrant M A C H. Measuring perceived crowding for high-density river recreation: the effects of situational conditions and personal factors[J]. 1997(19): 97-112.

[24] 吴瑞瑜. 森林游乐区拥挤知觉的研究——以东势林场为例[D]. 中兴大学森林研究所, 2003.

[25] 付健. 基于社会心理承载力的香山公园游客管理研究[D]. 北京林业大学, 2010.

[26] 王冰. 北京颐和园游客拥挤感知研究[D]. 北京林业大学, 2008.

[27] 解腾蛟. 滨海旅游活动群体拥挤感知比较研究[D]. 大连理工大学, 2014.

[28] 张圆刚, 余向洋, Wong, 等. 古村落景区游客拥挤感知维度与游憩情绪影响机制研究——以西递、宏村为例[J]. 人文地理, 2018(02): 138-146.

[29] 罗艳菊. 森林游憩区游憩冲击感知与游客体验之间的关系研究——以张家界国家森林公园为例[D]. 中南林业科技大学, 2006.

[30] 韩艳, 武鑫森, 杨光. 基于排序选择模型的游客拥挤感知分析[J]. 交通运输系统工程与信息, 2017(04): 138-144.

[31] Johnson T. E. Perceptual Determinants of Crowding Stress[D]. The University of Alberta, 1978.

[32] Choi G. C. Situational and Personal Factors in Perception of Crowding[D]. The University of Wyoming, 1978.

[33] Chang C. Y. A Simulation Approach to Crowding in Outdoor Recreation[D]. The Pennsylvania State University, 1993.

[34] Gramann J. H., Burdge R. J, Crowding perception determinants at intensively developed outdoor recreation sites[J]. Leisure Sciences, 1984, 6(2): 167-186.

[35] Weaver C. L. A Case Study of the White Salmon River in Washington[D]. West Virginia University, 2010.

[36] Holloway A. Exploring the Influence of Survey Item Order and Personality Traits on Perceived—crowding and Recreational Satisfaction in an Urban Park Environment[D]. Arizona State University, 2011.

[37] Ana María Luque-Gil, María Luisa Gómez-Moreno, María Angeles Peláez-Fernández. Starting to enjoy nature in Mediterranean mountains: crowding perception and satisfaction[J]. Tourism Management Perspectives, 2018, 25: 93-103.

[38] 武鑫森. 景区主客观拥挤感知研究[D]. 北京工业大学, 2017.

[39] 同[25].

[40] 常耀. 公共休闲旅游资源使用者拥挤感知问题研究[D]. 浙江大学, 2017.

[41] 陈新新, 谢婕. 广州海珠国家湿地公园生态旅游拥挤感知研究[J]. 旅游纵览(下半月), 2017(09): 11-14.

[42] 王文文. 海滨沙滩旅游区游客拥挤感知对调适行为及忠诚度影响研究[D]. 陕西师范大学, 2012.

[43] 吴瑞瑜. 森林游乐区游客拥挤知觉之研究——以东势林场为例[D]. 国立中兴大学, 2003.

[44] 郭娟. 旅游景区拥挤问题理论分析与解决方案[J]. 山西农业大学学报: 社会科学版, 2010, 9(4): 476-479.

[45] 纪宜颖. 高密度游憩区游客拥挤知觉与调试反应[D]. 铭传大学, 2007.

[46] 耿悦. 国家森林公园拥挤感知研究[D]. 大连理工大学, 2013.

[47] 李莉, 颜丙金, 张宏磊, 等. 景区游客拥挤感知多维内涵及其影响机制研究——以三清山为例[J]. 人文地理, 2016(02): 145-152.

[48] Tseng Y. P., Kyle G. T., Shafer C. S., et al. Exploring the crowding-satisfaction relationship in recreational boating[J]. Environmental Management, 2009, 43(3): 496-507.

[49] Johnson A. K., Dawson C, P. An exploratory study of the complexities of coping behavior in Adirondack wilderness[J]. Leisure Sciences, 2004, 26(3): 281-293.

[50] Hammitt W. E., Patterson M. E. Coping behavior to avoid visitor encounters: Its relationship to wildland privacy[J]. Journal of Leisure Research, 1991, 23(3): 225-237.

[51] Anderson D. H., Brown P. J. The displacement process in recreation[J]. Journal of Leisure Research, 1984, 1(16): 61-73.

[52] 同[42].

[53] Manning R. E., Valliere W. A. Coping in outdoor recreation: causes and consequences of crowding and conflict among community residents[J]. Journal of Leisure Research, 2001, 33(4): 410-426.

[54] Heberlein T. A., Shelby B. Carrying capacity, values, and the satisfaction model: a reply to Greist[J]. Journal of Leisure Research, 2007, 29(2): 142-148.

[55] 同[38].

[56] 张丛文. 拥挤情境下游客调适行为研究[D]. 浙江工商大学, 2013.

[57] 孙小龙, 林璧属. 基于网络文本分析的旅游商业化符号表征研究——以西江苗寨为例[J]. 旅游学刊, 2017(12): 28-36.

[58] 周一, 宋敏桢. 大数据语境下高校外语教师跨学科身份认同探析及举措研究——基于Nvivo质性分析软件的八份叙事问卷研究[J]. 牡丹江教育学院学报, 2018(09): 57-60.

成都大熊猫繁育基地

野生动物旅游产品：国内外案例
Wildlife Tourism Products: Cases from China and Beyond

Du Plessis Y. 　揭秘中国野生动物旅游：野生动物旅游产品的识别与分类

张单媚　　　保育海豚·游出关怀："人豚共融"大澳生态游

Sarath Wimalabandara Kotagama　　天选之地斯里兰卡的鸟类

张国杰　　　生态恢复与自然旅游：以新西兰大陆草根生态保护区的旅游发展为例

石 莹　王焱宁　王 欣　郑 科　王怡晨　　基于动物友好和人类友好的场景构建研究：以成都"熊猫之都"总体策划和概念性规划为例

王熠/摄

Demystifying Chinese Wildlife Tourism: Identification and Classification of Wildlife Tourism Products

揭秘中国野生动物旅游：野生动物旅游产品的识别与分类

文 / Du Plessis Y.

【Abstract·摘要】

China offers rich biodiversity with many nature-based and wildlife tourism resources, positioning it as one of the top 17 megadiverse countries in the world. Available data on wildlife tourism have been gathered primarily by non-Chinese scholars throughout the last 25 years, sounding a call for China to define through research what is meant by the terms wildlife and wildlife products with respect to the country's unique context and wildlife resource base. This concept paper presents a literature review to address how China can frame a region-specific definition of wildlife tourism and its products so as to no longer rely on information gathered from other regions.

中国有着丰富的生物多样性，相当可观的自然以及野生动物旅游资源使其成为全球17大超级生物多样性国家之一。然而过去的25年里，有关野生动物旅游的可用数据资料几乎全部是由非中国籍的学者搜集提供的，因此，在中国这一区域特定环境和野生动物资源的基础上，亟待阐明"野生动物"和"野生动物产品"的概念和理论。本文采用文献综述的方法，探索如何表达中国野生动物旅游的区域特异性概念及其产品，从而不再依赖从其他区域所搜集到的数据信息。

【关键词】

Wildlife tourism；Wildlife tourism product；Megadiverse；China

野生动物旅游，野生动物旅游产品，超级生物多样性，中国

【作者简介】

Du Plessis Y.　Professor, NWU Business School (South Africa)

Figure 1 Chengdu Giant Panda Base
Photo by Wang Yi

Introduction

As a distinct class of tourism, the sector of wildlife tourism is large and growing rapidly[1,2]. An estimated 12 million wildlife tourist trips are taken around the world each year, and that figure is rising by 10% annually[3–5]. Worldwide, the 21st century has come to represent a period in which wildlife has attracted unparalleled awareness and interest among the general public and research scholars alike[6,7]. Up to 3 million people annually have taken a holiday specifically to view wildlife[8]. This sudden interest in wildlife tourism has been triggered by several factors. Habitats are diminishing, leading to wildlife scarcity and causing wildlife to be highly valued[9]; additionally, scarcity confers economic value[10]. Growing urbanization is also causing a disconnect from nature[11]. The need to rectify this situation has spurred demand for wildlife tourism[12], as individuals would like to see the last of remaining species of wildlife in their natural habitats as evidenced by the upsurge in wildlife tourism statistics.

Further driving wildlife tourism is increased interest from governments as they begin to view wildlife tourism as a powerful tool to grow and diversify their economies while protecting biodiversity and meeting sustainable development goals[13,14]. Including elements of wildlife or nature-based tourism in tourism promotion is beneficial. Many countries in the African savannah have begun using the big five as their trump card, while countries such as Scotland are showcasing birds and marine mammals. India is focusing on tigers, and China uses giant pandas and birds as flagships for promoting tourism[15–17] (Figure 1).

What Constitutes Wildlife Tourism?

Wildlife tourism is an activity that involves watching wildlife. This observational activity distinguishes wildlife tourism from other forms of wildlife-based tourism activities, such as hunting and fishing. A brief literature search unearths many other definitions of wildlife tourism, but the present author believes the most appropriate definition of wildlife tourism and its products depends on the person or organization assigning a classification. For the purposes of this paper, the definition from UNEP, INTOSAI is deemed relevant; specifically, wildlife tourism is tourism that is organized and undertaken to watch wildlife.

Wildlife tourism can be either consumptive or non-consumptive. Consumptive wildlife tourism involves the deliberate killing of animals, usually via hunting or fishing[18], whereas non-consumptive wildlife tourism involves viewing or interacting with animals in natural or man-made environments. Wildlife and biodiversity have come under increasing threat due to habitat loss, poaching, and lack of funding for protection[19,20], thus placing consumptive wildlife tourism in the spotlight as a sustainable form of tourism.

Problem Statement

China is rich in wildlife resources(Figure 2), but a comprehensive literature review has not yet been conducted regarding the link between wildlife and tourism interests in the country[21]. A large dataset, including all wildlife tourism dimensions currently relevant to China, has mostly been gathered by North American and Australian scholars throughout the last 25 years[22] and is thus best suited to those regions[23]; no exact definition exists to describe the term wildlife and wildlife products in the Chinese context. Of research articles that have been published in various journals in China, only about 32% have appeared in key

Figure 2 Yunnan sunb-nose monkey   Photo by Cui Qingming

journals[24]. Definitions of what constitutes wildlife tourism and its products are contextual in that they are framed within a particular context or a region's wildlife resource base[25]. Therefore, a definition of Chinese wildlife tourism and its products should be based on China's diverse nature-based attractions. Accordingly, this paper presents a literature review intended to assist China in establishing a region-specific definition of wildlife tourism and its products. This effort emanates from the observation that wildlife tourism is neither as well developed nor as popular a research agenda as in other parts of the world, and several Chinese scholars wish to refine their research theories and methodologies for application to China's unique circumstances[26].

Literature Review

In this section, we first describe the innovation theory in which this study is embedded and then summarize literature conducive to the development of a definition of wildlife tourism products specific to China.

The General Innovation Theory

Around 1934, Joseph Schumpeter proposed the first theoretical insight into innovation by arguing that the key driver of economic change is not essentially competition between organizations in a market but rather innovation and new technologies, which enable new forms of competition and thus lead to more fundamental changes in the economy[27,28].

The literature is inconsistent in its descriptions and explanations of innovation; it is a concept with multiple meanings. Precise and diverse concepts such as change, newness, and adoption abound, along with innovation being described as an introduction of new things, ideas, or ways of doing something[29]. In the business setting, innovation is a process of value creation that consists of changing the composition of a set of variables describing a system or applying ideas that are novel, useful, and creative[30].

Concepts and abstract theories derive meanings via translation through local enactment[31] and are "per definition context independent"[32]; that is, these theories can never speak directly to circumstances of innovation unless the individuals who enact them provide a concrete application or translation to render the theories practically relevant or otherwise useful in theoretical discourse[33]. Therefore, in this paper, illuminative cases of China's experiences in crafting its wildlife tourism, along with resulting insights and lessons learnt, are relevant when making meaning of the innovation theory. Because theories are context-independent, the general innovation theory is appropriate in this discourse, as it offers fresh perspectives and alternatives to how wildlife tourism products are viewed in China. It also challenges prevailing conceptions that wildlife tourism products consist only of those already defined in extant literature. Essentially, the general innovation theory enriches and refines how reality is viewed and therefore challenges assumptions that are routinely taken for granted[34].

Applications of the General Innovation Theory

In the wildlife tourism business domain, the general innovation theory is applicable in a situation where the market (i.e., wildlife tourists) does not complain about the specifics of an offering (i.e., wildlife tourism products); instead, the business entity pursues a change in its offerings to ensure a prosperous future. This change can include a search for growth opportunities; corporate turnaround; implementation of a business strategy or business model; increasing return on investment; or incorporating research and development into investment, which is inclusive of mergers and acquisitions[35].

In the context of this paper, China wildlife tourism is taken as the pursuit of a changed perception around the manner in which China projects wildlife tourism offerings to the rest of the world, hence guaranteeing product differentiation in Chinese wildlife tourism products. Wildlife tourism is also considered as proactively seeking a region-specific definition that showcases China's wildlife tourism products in an effort to improve future business goals through discovering strategic opportunities it already possesses; and addressing existing threats and discovery of its own growth avenues[36] rather than relying on other nations' wildlife tourism product perceptions. As such, proactive innovation is a focus of this discussion.

A Culture of Innovation

Innovation refers to the ability to generate novel and useful ideas[37]. Every country must develop and encourage a culture of innovative behavior as far as national business interests are concerned. Therefore, the ways people interact within a particular national business segment, organize their tasks, conduct business, and relate to their leadership[38] must be aligned towards generating new and useful ideas.

One challenge is that although culture is individualistic, it is elusive in the sense that business organizations are peculiar entities[39]. Culture varies between individual organizations, countries, and even regions. The culture of innovation mentioned herein should be cultivated in a way that is acceptable for China and should not be a replication of what other countries are doing to manage and promote their wildlife tourism products. There is value in developing and managing a unique organizational culture[40].

Much of the literature on the varieties of nature- and wildlife-based tourism, particularly vis-à-vis an international conceptualization of wildlife tourism, has been contextualized to suit authors' diverse regions and perspectives. Sound research should be globally competitive and locally responsive. Therefore, the way in which wildlife tourism has been conceptualized and implemented in, for example, Australia, Canada, or Europe differs from China. It is thus necessary to examine how wildlife tourism translates into practice in the Chinese context.

Wildlife tourism offers an array of experiences, hierarchies of activities and products, and unique components[41]. In terms of conceptualizing wildlife tourism to suit China's wildlife resource base, it is necessary to shift the focus from a large, dangerous, and spectacular worldview of wildlife tourism; to take the focus away from the common[42] and capitalize on what the country has—that which is specific to its region. Many countries and destinations have fallen into the trap of not leveraging their wildlife tourism assets[43] because such assets do not fit the mold of 'normal and acceptable' wildlife tourism. In this way, countries are diminishing the profitability their particular forms of wildlife tourism can provide. Central to wildlife tourism is offering memorable experiences to tourists[44,45].

Of the current wildlife tourism resource base, there is a need to develop and diversify tourism products to retain the current consumer segment, attract new segments, and maintain competitiveness[46]. With wildlife tourism, as in the rest of the tourism industry, product offerings change based on prevailing market tastes and trends as well as what suppliers are offering[47,48]. Products that were considered unique only a few years ago may now seem 'basic', fueled by tourists' penchant for seeking new and unique products.

Wildlife tourism comprises a diverse set of experiences, and it is profitable for destinations to capitalize on each of them as much as possible. To realize optimal benefits, practitioners must be able to aptly articulate and interpret the current wildlife resource base[49] and to put in place a professionally informed tourism development plan including all forms of tourism. It is similarly important to execute business seamlessly and eliminate obstacles, such as deficiencies in quality tour guiding and interpretation.

Quality Tour Guiding and Interpretation

Tour guides' lack of knowledge regarding the current wildlife resource base and prime locations could impede wildlife viewing and should be eliminated. Wildlife tourists' expectations and satisfaction can be greatly enhanced or shattered by the tour guide's interpretation[50], who interfaces between the wildlife tourism product and the tourist; she or he creates the first impressions of products on offer and should therefore not appear ignorant or careless[51,52].

Several of the key attributes a guide must possess are language proficiency; versatility; excellent field skills; a wide general knowledge of the history, geography, art and architecture, economics, politics, religion, and sociology of his or her country and the particular region in which his or her work station is situated (i.e., sound local knowledge); as well as good administrative and organizational skills[53,54]. Such skills are necessary because set itineraries may change according to the weather, recent animal sightings, or new opportunities to view passing wildlife on their migratory paths; therefore, tour guides must always have contingency plans rooted in local knowledge[55].

China's Natural Heritage as a Basis for Wildlife Tourism

A region's heritage is composed of its physical, natural, and cultural environment; its natural phenomena; its cultural traditions and immaterial cultural goods; its past origins; and its passage from one generation to the next while being maintained until the present[56]. The natural environment, in its current state, has been influenced by the vegetation and wildlife that have undergone constant development and evolution, such that current wildlife tourism takes its sources from the region's own attractions and from its past, not from elsewhere[57]. Outstanding wildlife tourism products are developed from this natural heritage, and it is the natural and cultural features of a region that make a place 'special' and worth a visit[58] (Figure 3,4). China's wildlife tourism remains in its nascent stage, and its economic impact is correspondingly small[59]. Even so, as the demand for wildlife tourism increases, so does the supply of wildlife tourism products[60]. China is highly biodiverse, with considerable nature-based and wildlife tourism resources, making it one of the top 17 megadiverse countries in the world[61,62]. Public and commercial interests in wildlife tourism in China are growing[63,64]. As such, China should undertake effective market research and aggressive marketing if the country wishes to promote its profile as a worthwhile wildlife tourism destination, be deemed credible by potential wildlife tourism consumers, and stand a chance of increasing its visitorship in the midst of stiff competition. Several emerging wildlife destinations have exemplified consumers' desire to seek new destinations[65]. Given increasing demand for wildlife experiences, what exactly are wildlife tourism products?

A Spectrum of Wldlife Tourism Products

Wildlife tourism has grown enormously over the years[66], as

Figure 3 Elk in China's Migratory Bird Sanctuaries along the coast of the Yellow Sea-Bohai Gulf

Photo from www.chinamlw.com

Figure 4 Red-crowned cranes in China's Migratory Bird Sanctuaries along the coast of the Yellow Sea-Bohai Gulf

a range of products falls within this portfolio. Examples follow of the myriad wildlife tourism products along with the many human-animal interactions possible in wildlife tourism[70,71]; these can be adapted to the context of this paper.

—Nature-based tourism with a wildlife component: Many nature-based tours showcase wildlife as a key but incidental part of the product.

—Artificial attractions based on wildlife: Some animal species are used as a basis for man-made attractions; they are kept in captivity and may even be trained (e.g., dolphins).

—Specialist animal watching: These types of tours cater to specialized interests in a species or group of species, such as bird watching. The experience of encountering an animal in its natural habitat can have powerful effects[72].

—Hunting or fishing tours: These tours involve consumptive use of wildlife, whether in a natural habitat or under semi-captive or farmed conditions. Tours may involve killing an animal or releasing it back into the wild but often result in a high rate of mortality.

—Thrill-offering tours: These tours revolve around the exhibition of a dangerous or large animal species. Wildlife tourists' thrill

indicated by the huge numbers of people traveling to engage in wildlife tourism and by the different types of wildlife-watching activities in development. Individuals' conventionally busy lifestyles and grey city surroundings have compelled people to turn to wildlife for calmness, peace, and purity[67,68]. The pull factors for wildlife tourism vary, ranging from scientific study to entertainment value[69]. Tourists' experiences with wildlife comprise the business of wildlife tourism, and

and awe are increased by the sight of the animal in motion and by its sheer size. The presence of an animal's infant provides another level of excitement[73-75]. Chief among the experiences wildlife tourists expect on thrill-offering tours is 'viewable wildlife', which involves charismatic animals, their appearance in large numbers, first-time sightings by observers, the level of surprise, and the drama of witnessing prey-predator interactions at close proximity[76].

—Locations with good wildlife viewing opportunities: Another key factor in wildlife tourism is tourists' opportunity to experience animals in the wild, observe their 'natural' behavior, and appreciate their beauty[77]. Larger species that are more easily observable, and those that exhibit dramatic behavior upon being sighted, are quite popular and likely to draw public attention[78]. Some tour operators establish their accommodations in close proximity to wildlife-rich habitats where wildlife can be enticed to approach tourists more closely. For this product to be truly appreciable to tourists, the location must be such that animals or birds being viewed are readily viewable (i.e., an open habitat); approachable; tolerant of human intrusion (at least for some part of the year); and have a diurnal activity pattern[79,80].

—Habitat-specific tours: These tours are organized based on a wildlife-rich habitat. Wildlife tourism that focuses on wildlife in a 'wild' setting, such as wildlife watching or hunting, relies on the presence of natural wildlife populations[81] and is usually accessed via a specialized vehicle. Watching animals in captive settings does not evoke as many or as strong experiences as meeting them in the wild[82], hence the popularity of this product. A natural setting is one of the most crucial elements in viewing wildlife.

For habitat-specific tours to be successful, professionals should remember that the most desirable habitats are those that can support several viewable and interesting species; allow clear visibility of the animals; offer some cover that can obscure wildlife tourists' approach from the animals to be viewed; include features that encourage animal activity at certain times, such as waterholes; and must be accessible by different modes of transport that can be used to access the animals and protect tourists during viewing (e.g., caged vehicles in areas where there are lions or other dangerous animals, such as those that behave aggressively)[83,84].

However, as noted earlier, wildlife tourism and its products are region-specific. Wildlife tourism can still be practiced in regions where predators are rare or exotic. In this case, effective tour guiding and interpretation can make any species interesting to the public[85]. It is important to capitalize on what is readily available, on moving tourism beyond the large and dangerous as any species is capable of forming important and memorable wildlife-watching experiences[86]. As such, corals, fish, reptiles, insects, and plants can be included in wildlife tourism. The general innovation theory invoked early in this paper strongly supports this type of innovation.

How Innovative Can China Be?

The most attractive wildlife species in China include the giant panda (He, 2009; Li, 2010), Indian elephant[87]; elk[88,89]; various primates such as the Yunnan snub-nosed monkey[90]; insects such as butterflies[91]; and large, spectacular birds such as the red-crowned crane[92]. As the demand for wildlife tourism expands, the supply of related products does as well. The innovation theory invoked in this paper states that innovation is a process of value creation, which consists of changing the composition of a set of variables describing a system[93] or applying ideas that are novel, useful, and creative[94]. In the case of the aforementioned wildlife species available in China, ideas that are useful as well as creative can be constructed around them, with the resultant product being a world-class exhibition of wildlife tourism products.

Theoretical Contributions and Implications for Practice

In light of increasing recognition of the importance of wildlife tourism and its products in China[95], this concept paper presents noteworthy implications for various stakeholders in wildlife tourism management. Tour operators often cite several impediments to new wildlife product development[96], but this paper has shown that a wildlife tourist product need not necessarily focus on large and dangerous wild animals; rather, products can incorporate any species about which a tour guide is sufficiently knowledgeable to pique tourists' interest.

Regarding the general management of wildlife tourism, tour guides' role in the consumption of wildlife tourism products has been overlooked; however, tour guides are in fact on the front lines of wildlife tourism product development, client satisfaction, and ensuring responsible wildlife watching. Tour guides' interpretations can enhance or shatter tourists' expectations[97,98]; as such, guides should be given necessary support to qualify them for the job.

Wildlife tourism products are often promoted for their ability to enable tourists to learn through experience. To wildlife tourists, learning and discovery are fundamental aspects of the wildlife tourism experience, and knowledge gained through these experiences is vital for changing mindsets and behaviors. After a wildlife tourism experience, tourists tend to develop a heightened awareness of and increased interest in wildlife tourism products as well as a greater appreciation for wildlife than they had previously.

Conclusion

China is indeed rich in wildlife resources[99], but the large dataset on all dimensions of wildlife tourism available to China has been collected primarily by non-Chinese scholars over the last 25 years and is thus only generalizable to those regions[100]. This paper has highlighted that China is capable of gathering its own dataset on its wildlife tourism products, tailored to the country's natural resources and unique context, to showcase to the rest of the world its potential as a wildlife tourism destination.

References

[1] Higginbottom K. Wildlife Tourism: Impacts, Management and Planning[M]. Australia: Common Ground Publishing Pty Ltd, 2004.

[2] World Tourism Organization(WTO). Towards Measuring the Economic Value of Wildlife Watching Tourism in Africa[R]. Madrid: UNWTO, Briefing Paper, 2014.

[3] Newsome D., Rodger K. Wildlife Tourism [M]. // Holden A., Fennell D. The routledge handbook of tourism and the environment[J]. New York: Routledge, 2013, 345-358.

[4] Soule[2].

[5] Curtin S. Managing the wildlife tourism experience: The importance of tour leaders[J]. International Journal of Tourism Research, 2010, 12(3): 219-236.

[6] Knight J. The ready-to-view wild monkey[J]. Annals of Tourism Research, 2010, 37(3), 744-762.

[7] Semeniuk C. A. D., et al. A linked model of animal ecology and human behavior for the management of wildlife tourism. Ecological Modelling, 2010, 221(22), 2699-2713.

[8] Newsome D. The nature and scope of wildlife tourism: Capitalising on what you have! [J]. Keynote Presentation, 2012.

[9] The Guardian, World on track to lose two-thirds of wild animals by 2020, major report warns [EB/OL]. [2016-10-27]. https://www.theguardian.com/environment/2016/oct/27/world-on-track-to-lose-two-thirds-of-wild-

animals-by-2020-major-report-warns.

[10] Pakman D. Brian Williams and abundance vs. scarcity in media[EB/OL]. [2015-02-06] (2018-07-04). http://fortune.com/2015/02/06/brian-williams-and-abundance-vs-scarcity-in-media/.

[11] Curtin S., Kragh G. Wildlife tourism: Reconnecting people with nature[J]. Human Dimensions of Wildlife, 2014(19), 545-554.

[12] Olola P. Wildlife Tourism Lecture Presentation[EB/OL]. (2018-09-23). https://www.slideshare.net/pauliuslaiminga/wildlife-tourism-lecture-presentation-2017-by-paul-olola.

[13] The World Bank. Growing wildlife-based tourism sustainably: A new report and Q & A[EB/OL]. [2018-03-01] (2018-10-23). https://www.worldbank.org/en/news/feature/2018/03/01/growing-wildlife-based-tourism-sustainably-a-new-report-and-qa.

[14] Mitchley A. Developing the biodiversit: Economy can create 162000 jobs[EB/OL]. [2018-08-25] (2018-10-31). https://www.news24.com/Green/News/developing-the-biodiversity-economy-can-create-162-000-jobs-ramaphosa-20180825.

[15] Soule[1].

[16] Duke University. China's protection of giant pandas good for other species too: Panda preserves providing habitat for other endangered, threatened species [EB/OL]. [2015-09-15] (2015-09-16). https://www.sciencedaily.com/releases/2015/09/150916161844.htm.

[17] Cong L., Newsome D., Wu B., et al. Wildlife tourism in China: a review of the Chinese research literature[J]. Current Issues in Tourism, 2014: 1-24.

[18] Soule[1].

[19] WWF(World Wide Fund for Nature). Impact of habitat loss on species[EB/OL]. (2018-10-30). http://wwf.panda.org/our_work/wildlife/problems/habitat_loss_degradation/.

[20] Soule[13].

[21] Soule[17].

[22] Soule[17].

[23] Soule[17].

[24] Soule[17].

[25] Moinuddin G., Begum H. Eco-tourism: An investigation into the conceptual framework and policy requirements for its growth in Bangladesh[J]. Jahangirnagar Planning Review, 2004(2), 67-82.

[26] Soule[17].

[27] Croitoru A. The theory of economic development: An inquiry into profits, capital, credit, interest and the business cycle[J]. Journal of Comparative Research in Anthropology and Sociology, 2012, 3(1): 90-91.

[28] Fagerberg J. "Innovation: A guide to the literature"[J]//Fagerberg J., Mowery D., Nelson R. The Oxford Handbook of Innovation[M]. New York: Oxford University Press, 2006, 11-28.

[29] Woods T. Creativity in Innovation: An Introduction for Innovation Managers[EB/OL]. (2018-10-30). https://blog.hypeinnovation.com/creativity-in-innovation-an-introduction-for-innovation-managers.

[30] Burkus D. What is innovation?[EB/OL]. (2018-08-23). https://www.ideatovalue.com/inno/nickskillicorn/2016/03/innovation-15-experts-share-innovation-definition/.

[31] Yezersky G. General Theory of Innovation Overview[EB/OL]. (2018-10-23). https://triz-journal.com/an-overview-of-the-general-theory-of-innovation/.

[32] Flyvbjerg B. Making Social Science Matter: Why Social Inquiry Fails and How It Can Succeed Again[M]. Cambridge University Press, 2001.

[33] Soule[31].

[34] Davis M. That's classic: The phenomenology and rhetoric of successful social theories[J]. Philosophy of the Social Sciences, 1986, 16(4): 285-301.

[35] Soule[31].

[36] Gluck F. W., Kaufman S. P., Walleck A. S. Strategic Management for Competitive Advantage. Harvard Business School Publishing [EB/OL]. (2018-10-30). https://hbr.org/1980/07/strategic-management-for-competitive-advantage.

[37] Soule[30].

[38] Rosenfeld R., Flores F., Abele L. M. Building and maintaining a strong company culture[J]. Retrieved from ExecBlueprints.

[39] Flamholtz E. G., Randle Y. Corporate Culture: The Ultimate Strategic Asset[M]. Stanford, CA: Stanford University Press, 2012.

[40] Azanza G., Moriano J. A., Molero F. Authentic leadership and organizational culture as drivers of employees' job satisfaction[J]. Revista de Psicología del Trabajo y de las Organizaciones, 2013, 29(2): 45-50.

[41] Soule[17].

[42] Soule[8].

[43] Soule[8].

[44] Roy Ballantyne A., Jan P. Visitors' memories of wildlife tourism: Implications for the design of powerful interpretive experiences[J]. Tourism Management, 2011, 32 (4): 770-779.

[45] Soule[8].

[46] García Rosell, José Carlos, Hakkarainen, et al. Interregional tourism cooperation: experiences from the Barents[J]. 2013.

[47] Heath E. T. Globalisation of the tourism industry: future trends and challenges for South Africa[J]. South African Journal of Economic & Management Sciences, 2001, 4: 3, 542-569.

[48] Levitt T. The Globalization of Markets[EB/OL]. (2018-10-30). https://hbr.org/1983/05/the-globalization-of-markets.

[49] Soule[8].

[50] Soule[8].

[51] Soule[5].

[52] Soule[8].

[53] Soule[5].

[54] Vincent P. Tourist Guiding Techniques: Tourist Guiding in Papua New Guinea[M]. 2009.

[55] Soule[5].

[56] UNESCO (n d). Sustainable Tourism Development in UNESCO Designated Sites in South – Eastern Europe, Ecological Tourism in Europe – ETE[EB/OL]. (2018–09–26). http://portal.unesco.org/en/files/45338/12417872579Introduction_Sustainable_Tourism.pdf/Introduction_Sustainable_Tourism.pdf.

[57] Soule[56].

[58] UNESCO World Heritage Center 1992-2018 Edition. Convention Concerning the Protection of the World Cultural and Natural Heritage[EB/OL]. (2018-10-30). https://whc.unesco.org/en/conventiontext/.

[59] Soule[17].

[60] Soule[17].

[61] Mittermeier R. A., Gil P. R., Mittermeier C. G. Megadiversity: Earth's biologically wealthiest nations[J]. Washington, DC: Conservation International, 1997.

[62] WorldAtlas. The World's 17 Megadiverse Countries[EB/OL]. (2018-10-31). https://www.worldatlas.com/articles/ecologically-megadiverse-countries-of-the-world.html.

[63] Cong L., Wu B., Morrison A. M., et al. Analysis of wildlife tourism experiences with endangered species: An exploratory study of encounters with giant pandas in Chengdu, China[J]. Tourism Management, 2014, 40: 300–310.

[64] Van Hinsbergh G. China Tourism – Current Trends and Facts[EB/OL]. (2018-10-31). https://www.chinahighlights.com/travelguide/tourism.htm.

[65] Caribbean Niche Markets. (n d). Wildlife tourism: Caribbean Tourism Organisation [EB/OL]. (2018-10-29). https://www.onecaribbean.org/content/files/Wildlife.pdf.

[66] Soule[2].

[67] Hakkarainen T. Nature and adventure tourism[J]. University of Applied Sciences, 2010.

[68] Newsome D., Rodger K., Pearce J., et al. Visitor satisfaction with a key wildlife tourism destination within the context of a damaged landscape[J]. Current Issues in Tourism, 2017: 1–18.

[69] Tapper R. Wildlife Watching and Tourism: A Study on the Benefits and Risks of a Fast Growing Tourism Activity and Its Impacts on Species[M]// Wildlife Watching and Tourism: A Study on the Benefits and Risks of a Fast Growing Tourism Activity and its Impacts on Species, 2006.

[70] Reynolds P. C., Braithwaite D. Towards a conceptual framework for wildlife tourism[J]. Tourism Management, 2001, 22: 31–42.

[71] Bulbeck C. Facing the wild: ecotourism, conservation and animal encounters[M], Britain: Earthscan, 2005.

[72] National Geographic. Conserving Wildlife through Responsible Tourism: An Interview with Dr. Michael Hutchins[EB/OL]. (2017-10-30). https://voices.nationalgeographic.org/2014/07/01/conserving-wildlifethrough-responsible-tourism-an-interview-with-dr-michael-hutchins/.

[73] Benefield A., Bitgood S., Landers A. Understanding your visitors: Ten factors influencing visitor behavior[J]. The annual American association of zoological parks and aquariums conference, 1986.

[74] Mmandi J. A Little Big 5. Kapama Private Game Reserve[EB/OL]. (2018–10–30). https://www.kapama.com/rangerblog/a-little-big-5/.

[75] Mbathe P. Exciting sightings in isimangaliso. South African Country Life[EB/OL]. (2018-10-30). https://www.countrylife.co.za/wildlife/exciting-sightings-isimangaliso.

[76] Puls S. Does wildlife tourism contribute to animal conservation? Wildlife Impulse[EB/OL]. (2018-05-31). http://wildlifeimpulse.com/wildlife-tourism-contribute-animal-conservation/.

[77] Soule[69].

[78] Moscardo G., Saltzer R. Understanding wildlife tourism markets[J]. Wildlife Tourism: Impacts, Management and Planning, 2004, 176–177.

[79] Soule[70].

[80] Valentine P., Birtles A. Wildlife watching[A]// Higginbottom K. 2004 (Ed). Wildlife Tourism: Impacts, Management and Planning[C], Australia: Common Ground Publishing Pty Ltd.

[81] Soule[72].

[82] Holopainen I. H. 2012. Animal encounters as experiences: Animal – based tourism in the travel magazine[J]. Thesis, University of Helsinki, 2012.

[83] Soule[70].

[84] Soule[5].

[85] Soule[8].

[86] Soule[8].

[87] Qing – Ming C., Hong – Gang X. The myth of wild elephants: A social constructive analysis of elephant-human conflicts in wild elephants valley[J]. Tourism Tribune, 2012, 27(5): 49–56.

[88] Huang Z., Yuan L., Yu Z., et al. 2008. The spatio – temporal evolution and characteristics analysis of tourist flow in ecotourism area: A case study of Yancheng ecotourism area for David's Deer[J]. Geographical Research, 2008, 27(1), 55–64.

[89] Yuan L., Yu Z., Huang Z., et al. An analysis of multi – fluctuation characteristics and functional process of tourist flow: A case study of Yancheng David's Deer ecotourism area[J]. Tourism Tribune, 2009, 24(7), 27–32.

[90] Yu H., Zhang M., Yang J., et al. A discussion on ecotourism and exploitation of Chinese primates – The case of the golden monkey ecotourism project in Shennongjia Nature Reserve[J]. Economic Research Guide, 2011, 126(16), 141–144.

[91] Shu Y., Hou Y., Wang J., et al. Analysis on the feasibility of butterfly industry development in Shengjin Lake National Nature Reserve[J]. Journal of Anhui Agricultural Sciences, 2012, 40(6), 3374–3378.

[92] You X., Dai N. Development and

countermeasure of Poyang lake birdwatching ecological tourist[J]. Jiangxi Science, 2010, 28(6), 867-870.

[93] Soule [31].

[94] Soule [30].

[95] Soule [17].

[96] Soule [8].

[97] Soule [8].

[98] Soule [5].

[99] Soule [17].

[100] Soule [17].

[101] Cui Q., Xu H. The myth of wild elephants: A social constructive analysis of elephant-human conflicts in Wild Elephants Valley. Tourism Tribune, 2012, 27(5), 49-56.

[102] He F. Generalization and scientific development of panda ecotourism[J]. Journal of Anhui Agricultural Sciences, 2009, 37(23), 11268-11269.

[103] INTOSAI, 2013. Impact of Tourism on Wildlife [EB/OL]. (2018-10-30). http://iced.cag.gov.in/wp-content/uploads/2014/02/2013_wgea_Wild-Life_view.pdf.

[104] Li R. The development of tourism products based on giant panda from the 'new tourism' view. A case study for the Tangjiangling Nature Reserve[J]. Journal of Southwest University for Nationalities (Humanities and Social Science), 2010, 25(10), 141-144.

保育海豚·游出关怀："人豚共融"大澳生态游
Sousa Chinensis Conservation and Ecological Tours in Tai O, Hong Kong

文 / 张单媚

【摘 要】

中华白海豚是世界上仅有的两种粉红海豚之一，不仅有"海上大熊猫"之称，还被香港市民票选为回归吉祥物。大澳作为中华白海豚经常出没的水域之一，成为游客乘坐小艇观赏野生海豚的热门旅游地。可是随着生态环境转变及海上交通日益发达，在欠缺法律及行业监管的情况下，大澳的小艇观豚活动备受环保人士争议。基于此，香港世界自然基金会（WWF）于2015~2017年间联同香港绿恒生态旅游有限公司推出"人豚共融"先导计划，希望通过持份者[①]参与（包括政府、环保团体、旅行业者、参加者），提升公众及旅行业界对观豚守则及海豚保育状况的关注。

【关键词】

中华白海豚；香港大澳；野生动物观赏；持份者参与

【作者简介】

张单媚　香港绿恒生态旅游有限公司高级经理

注：本文图片均由作者提供。

图1 大澳水域出现的中华白海豚

1 海上大熊猫

大澳位处香港大屿山西端边陲位置,毗邻珠三角河口,渔产丰富,曾是香港渔业、盐业、商业重镇,更是中华白海豚的重要栖息地。随着昔日行业日渐式微,年轻人离开大澳前往市区工作,反而使大澳保留了昔日的渔村风貌和简朴的生活方式。大澳硕果仅存的棚屋及渔村吸引大量香港居民及游客前来游览,而乘坐小艇观赏世界罕见的"粉红海豚"更成为备受欢迎的旅游节目之一。

中华白海豚(Sousa chinensis)又名印度洋驼背豚,是世界上仅有的两种粉红海豚的其中之一,因其背部中央突出的驼背和背鳍而得名。与平常见到的海豚不同,中华白海豚年幼时呈灰色,随着年龄增长,成年海豚的皮肤逐渐褪为白色,并因皮下血管而通体呈粉红色。中华白海豚主要分布于印度洋及西太平洋沿岸水域,珠江口则是全球最大的中华白海豚栖息地。根据《世界自然保护联盟濒危物种红色名录》,中华白海豚被列为易危品种,有"海上大熊猫"之称。不但在中国大陆被列为一级保护动物,在香港亦受《野生动物保护条例》及《保护濒危植物物种条例》保护。香港的中华白海豚生活于珠江河口的咸淡水交界处,集中分布在大屿山水域近青山、沙洲及龙鼓洲海岸公园、赤腊角及大澳[1]。中华白海豚因其稀有性及友善的性格,备受游客喜爱,于1997年被选为回归吉祥物,吸引了不少旅行社包船接载游客前往观赏(图1)。

2 大澳观豚背景

大澳的小艇观豚活动始于20世纪90年代,目前共有5家运营商提供观豚服务,它们由大澳居民和退休、转业的渔民运营。根据大澳渔民转述,数十年前中华白海豚数目众多,他们捕鱼时经常见到海豚在水面跃动。它们喜欢跟随渔船,等待机会捕捉漏网之鱼,因有争鱼食之嫌,而不受渔民欢迎,并称他们为"白忌""乌忌"。随着大澳渔业衰

图2 大澳小艇观豚运营商

退,部分渔民放弃以捕鱼维生,改为以小型快船接载游客出海观豚赚取收入。由于大部分为小规模家庭运营模式,主要方式为向散客叫卖船票,只有个别运营商与旅行社合作接待团体游客。观豚行程在大澳涌行人桥附近开始,游程一般15～20分钟,按人头收费,每人20～30元港币,每船可坐9～25人,船上不设导游服务,也没有特定出发时间,有一定人数便会开船。由于观豚时间短,能否看到海豚只能靠运气,因此客人对看到海豚的期望无形中给船家带来了压力。

观豚行业规模小,在香港目前没有对运营观豚活动的发证制度和相关法例,运营商只要向海事处申请船只和驾驶的相关牌照后,便可经营。大澳的小艇观豚运营暂时在小区监察、运营者自律、消费者选择及渔农自然护理署(渔护署)的观豚守则指引下,让市场自由运作[2]。可是,近年香港的中华白海豚面临许多严峻的威胁,以致其数量较10年前下降了近6成[3]。渔农自然护理署2017年委托机构进行了研究,报告显示,在香港水域出没的中华白海豚数目由2003年起已减少一半以上,由当初的158条下降至2017年的47条。再加上曾发生多宗海豚被船只撞伤/死的意外(意外未能查证是否与观豚活动有关),事件经媒体广泛报导后,引起市民对海豚保育状况和大澳观豚活动的高度关注。近年来,市场对观豚活动的需求日益增加,游客对看到海豚的期望也越来越高,有些时候会出现众多小艇围观海豚或船只快速前行的场面。虽然观豚运营商表明无意伤害海豚,只是希望透过观光活动赚取收入,但由于目前欠缺完整的管理制度导致部分市民、保育团体及大澳观豚运营商之间的矛盾持续升温(图2)。

渔护署于2000年发布的海豚观赏守则,目的是为大型观豚船只提供指引,属自愿参与性质,非法律条文[4]。详细条文如下:

1.以缓慢稳定的速度前进或停船,不可突然改变航向,船速不可以

超过10海里;

2. 每次只可有一艘观豚船在海豚500米范围内观豚;

3. 当海豚在船的正前方100m以内,船只应减速或停船,以免产生浪花,对海豚造成骚扰;

4. 不可向海豚迎面前进,只以斜角靠近;

5. 不可在海豚附近"开倒车";

6. 不可追逐或穿越海豚游弋的路线,不可分开海豚母子或群体,不可迫赶海豚游往船只、渔网及岸边浅水处;

7. 不可试图接触、喂饲海豚或与之游泳;

8. 不可抛掉垃圾,不可弃置任何燃料及污染物;

9. 尊重海豚,让它们选择接近或离开船只。如找到一群难以观察的海豚,请不要骚扰它们,应另觅较合作的一群;

10. 观豚时,应以低速与海豚并行;

11. 如观察跟随着双拖船的海豚,请注意:

观豚船应缓慢地改变方向,并随着拖网末端的浮标行驶;当拖网渔船收网后,不可实时加速离开,应确定海豚散去后,才小心地以低速离开。

3 人豚共融·先导计划

随着近年香港海域多项基建工程、繁忙的海上交通、海底噪声污染及水质污染的影响,中华白海豚的生存遇到严重的威胁。在世界自然基金会香港分会(WWF)的支持及协助下,经营可持续旅游活动的绿恒生态旅游有限公司(Eco Travel)联同大澳观豚运营商展开为期3年的"观豚导游服务先导计划"。目标是推动大澳发展可持续旅游,鼓励观豚运营商遵守观豚守则,以及提升大众对海豚保育的意识。

整个计划以不伤害、不干扰海豚为大前提,通过提升大澳观豚服务的质量及宣传,向游客推广大澳文化及中华白海豚的保育工作。主办方会为大澳的观豚船及导游开设大澳相关知识的工作坊,鼓励大澳观光小艇以对环境可持续发展的方式运营,达到人与海豚共融的目的。由WWF及绿恒生态旅游培训导游在周末指定时间驻观光小艇为游客提供义务观豚导游服务,提升大众对中华白海豚保育工作的认识。除了义务观豚导游服务,主办方举办"人豚共融"大澳生态游活动,让游客以步行方式认识及体验大澳小区及文化特色,再乘坐观豚小艇寻找白海豚影踪,了解以大澳为家的中华白海豚。"人豚共融"大澳生态游于2015至2017年举行,希望达到自负盈亏、可持续发展的终极目标。希望以此提倡"人豚共融"的概念;提高小艇运营商对海豚保育的意识及运营监察;向市民普及中华白海豚的知识及大澳历史文化,提升对海洋保育的关注度;为观豚行业的可持续发展提供学术参考(图3)。

4 向小艇运营商推广新观豚指引

渔护署现时推行的观豚指引针对游艇及游轮等大型船只而设,速度较慢及体积较小的小艇难以依从,如500m范围内只可有一艘观豚船,于100m内见到海豚便需减速甚至停驶。指引令小艇及游客难以近距离观赏海豚,无法满足他们对观豚活动的期望,因此较少被大澳的小艇运营商所采用。WWF为此针对小艇重新修订了一套既符合国际标准、又可被小艇实际执行的观豚指引,包括同一时间不会有超过3艘观豚船在海豚100m范围内出现;当海豚在船的正前方50m以内,船只应减速。并于计划前期及期间召集所有运营商进行会议,讲解海豚的保育状况、新的观豚指引及汇报各运营商守规情况。计划初期有4家运营商参加,到后来终于获得所有运营商的支持。

由WWF重新制订的观豚守则,目的是为小型观豚船只提供符合国际标准及符合实际需要的指引,提升小艇守规率,确保对海豚的干扰减至最低:

1. 距离海豚100m内,同时间最多只可以有3架观豚小艇,小艇应聚集于一边观察;

2. 如海豚出现于50m内,小艇需减慢速度并静待海豚主动游近;

3. 避免急转及以高速正面驶近海豚,离开时亦应慢驶;

4. 不要追逐及分开海豚群。

5 提升现有观豚产品的服务质量

香港教育大学的前期研究显示,于观豚行程加入导游及讲解,不但有效增加游客的旅游体验及满意度,也大大提升参与者对中华白海豚的保育关注。为此,WWF与绿恒生态旅游旅行社合作,培训了30名生态导游。生态导游除了能

图3 活动宣传海报

够以外语讲解中华白海豚的生态知识、所面临的威胁及大澳的历史文化外，还在出海期间督促船家遵从有关指引。通过笔试及口试考核导游在大澳为市民提供的生态导游服务。

同时，为了提升现时观豚产品的服务质量，绿恒生态旅游重新规划了大澳观豚产品，与香港本地艺术家合作，设计了一系列宣传海报、影片、网站，重新打造"人豚共融"旅游品牌，并邀请媒体参与体验并报导。重新规划后的行程加插了中华白海豚及大澳棚屋的船上讲解，增加游客对中华白海豚保育状况的认识之余，又可缓解运营商为满足游客期望而急切寻找海豚的压力；同时，行程增加陆上导游活动，鼓励游客走进小区，认识大澳的历史文化及渔民与海洋共存的关系；并加入大澳小区货币元素，邀请地区小店支持计划，鼓励游客通过本地消费支持大澳旅游的可持续发展。重新规划后的观豚产品，既可提升游客的旅游体验、增加游客对中华白海豚及大澳的认识、又可提高小艇运营商的旅游收益。于海豚保育而言，鼓励小艇运营商遵守符合国际标准的观豚指引，以尽量减少操作期间对海豚造成的负面影响（图4）。

6 学术研究与监察

计划推行初期，WWF邀请了香港教育大学在大澳访问了551名分别参与了有导游带领和没有导游带领的观豚活动游客，就参加者在生态知识获取(Ecological Knowledge)、环境责任行为意愿(Environmentally Responsible Behaviour Intention)、重游意愿(Revisit Intention)、满意度(Satisfaction)四方面进行比较分析。调查显示，参与有导游带领的观豚活动，参加者在生态知识获取、环境责任行为意愿、重游意愿及满意度的评分均比没有导游服务的高。因此，在野生海豚观赏活动的行程中，导游是必不可少的且有效响应自然保育及公众教育活动要求的重要手段[5]。

计划推行期间，WWF的研究员每月定期到大澳虎山亭进行实地观察，测量船家对新守则的守规率，以便分析指引的有效度及观豚活动对海豚行为的影响。经过长达两年的观察和分析，发现船家在计划推出期

图4 大澳生态游增加渔民文化元素

间的守规情况较之前有明显改善,包括减少以高速及不合适的方式(迎面驶近、截断海豚原有行径、把海豚逼进死角)接近海豚。研究发现,船家于7~9月观豚高峰期间的守规率较1~3月的淡季高。为进一步降低海豚被小艇螺旋桨叶伤害的机会,WWF还邀请了个别运营商参与试装螺旋桨保护罩的可行性研究,分别测试了3款不同设计和材质保护罩的效能及安全性。最终测试结果显示,安装保护罩会使小艇出现安全问题,而最终未有采纳有关方法。

7 持份者的参与

生态导游团是时下香港大多环保团体对公众进行环境教育的其中一个重要手段,香港渔护署每年均拨备资源给符合资格的团体策划免费或超低收费的导游团。导游活动的持份者构成简单,各持份者的目标单一且明确。环保团体获取政府资助,通过免费活动吸引公众参加,再通过游览内容向参加者推广环保意识;公众人士可以免费或以超低价格参与高质量的生态旅游活动;而渔护署则可通过资助计划,丰富活动内容并减少行政成本,也达到推广香港生物多样性的目的。

在目前没有任何法例规管观豚活动的情况下,难以仅仅通过教育来达到提高小艇运营商遵守观豚指引的目的;若单纯通过提供导游服务,无疑可提高大众对海豚保育及观豚指引的意识,但同时却有可能进一步激化公众人士与小艇运营商、小艇运营商与环保团体之间的矛盾;若因保护动物团体的反对而停止观豚活动也不切实际。更重要的是,大澳渔民及小艇运营商是小区持份者,是可持续策略不可或缺的一部分,WWF所提出的其他海洋管理政策及作业守则也需要争取渔民团体的支持,所以项目需要通过"持份者理论"去平衡各持份者的利益(而不是单一持份者利益)和可持续的长远价值。

7.1 环保团体——WWF

WWF希望通过先导计划,争取小艇运营商的支持与信任,继而鼓励他们投入海豚保育事业;同时希望通过导游活动,向公众传递海豚保育的信息。因此,WWF作为本次活动的倡议者,积极寻找资金支持有关活动的人事及活动开支;又频繁到访大澳小区游说运营商支持新的观豚守则，并提供免费导游服务、宣传以及小艇安全改善建议方案，将为其旅游产品增值作为诱因，以换取运营商们定期出席会议及配合活动运作；此外，派遣研究人员监察守则成效及公布有关数字，以打消公众对于新观豚指引放宽对小艇要求的疑虑；在提升环境教育素质方面，WWF培训大专生及旅行社导游作导游，加强观豚参与者对海豚的认识及对保育海豚的关注；为了项目可以持续发展、扩大观豚指引对旅游业界的影响力，又邀请旅行社参与计划的推广及执行工作。项目后期，WWF从主办单位渐渐退出，成为支持机构，由旅行社作为活动主导。

7.2 游客

活动期间共有超过4500人次参与了观豚导游活动。问卷调查结果显示，95%的参加者均对游船活动加入的导游服务感到满意。导游知识丰富，增加他们对大澳及中华白海豚的认识，而且比自己游览有趣。100%的接受访问者均表示他们会推荐给亲友参与此次活动，表示参加者对游程感到满意。

7.3 供货商——大澳小艇运营商

大澳小艇运营商一方面希望通过先导计划获取免费导游服务并赚取生态导游的额外收入，另一方面希望通过WWF的加入，减低公众人士对大澳观豚活动破坏生态的疑虑。WWF为鼓励运营商参与并配合活动，但凡参与的运营商，均获派驻已接受训练的生态导游在周六日驻船进行导游讲解，运营商也乐于以导游服务作生意招徕。WWF及旅行社合办的收费生态团活动，也会以较高价钱选用已参与计划的服务供货商。为平衡各个运营商间的利益，有关工作由主办机构轮流分派。活动期间共提供67人次导游为282团游船活动提供免费驻船讲解，并为他们带来了额外56团收费生态团的游船收入。

7.4 旅行社——绿恒生态旅游

根据香港法例，需要注册旅行社及注册导游[6]才可为入境游客提供旅游服务。除了本地游客，大澳同时是入境游客的著名观光热点。由于WWF不是旅行社，其培训出来的大专生也不具导游资历，因此与旅行社合作举办收费生态团可以避免触犯法律。此外，绿恒生态旅游有限公司（牌照号码：353452）为香港少有专营生态旅游的旅行社，它们借此活动建立生态旅游的知名度及口碑，包括获取超过10份媒体曝光、于20个地点张贴海报、超过

图5 媒体报道及海报宣传

116万次Facebook专页曝光、11万次Facebook广告互动、近4500次网站点击率，维系了大澳小区之关系，开发新旅游路线。而最直接的得益是通过举办活动赚取项目管理费用和超过600人次参与了收费生态导游团（图5）。

7.5 导游

另一方面，参与项目的导游除可免费接受由WWF文化名师的授课，通过笔试及口试考核的导游更可获得WWF发出的证书并聘用为大澳生态团的导游。这项活动一共培训了30名生态导游。活动完结后，该批导游继续受绿恒生态旅游聘请，带领大澳之生态团，为游客提供优质的大澳生态及历史文化导游服务（图6）。

8 结语

活动完结至今，纵观WWF的监察报告、各持份者的回馈、活动参加者的数字统计及问卷调查，活动的结果令人满意。包括成功游说所有小艇运营商自愿参与活动、于旺季期间平均守规率达到74.7%；旅行社建立了可持续的大澳生态旅游路线的品牌形象；为旅游业界培训了30名大澳生态导游、超过95%均认为他们增加了对海豚及大澳的认识。项目尽可能平衡了各持份者的利益，而非单一持份者的利益（表1）。

可是，就其造成的长远影响力及可持续性而言未算成功。活动结束后，由于项目欠缺稳定资金，WWF难以继续派员跟进小艇运营商对新观豚守则的守规率；旅行社在市场供求状况及商业因素影响下，所举办的大澳生态团数目不如以往；而小艇运营商在考虑成本的情况下，举办的观豚活动仍然未有提供驻船导游服务；而其他旅行业者在采购大澳小艇观豚活动时，也没有刻意提出要小艇遵守新的观豚守则的要求；而政府方面，对新观豚守则也始终保持中立态度，没有采取进一步行动来响应WWF提出的新观豚守则。

8.1 观豚指引未达成共识

环保团体及政府对小艇观豚指引欠缺共识，也欠缺有关研究数据及人手进行监察，令目前两套指引均形同虚设。政府及环保团体需成立专责小组，就观豚指引展开长期研究并参考其他地区的操作模式。

图6 导游培训花絮

表1 各持份者之短期利益及活动成效指标

持份者	利益	活动成效指标
环保团体	获取小艇运营商的支持与信任	参与小艇运营商的数目
	向小艇运营商推广新的观豚指引	小艇运营商守规率
	向公众推广大澳生态及文化知识	导游服务的服务人数
		游客知识获取
小艇运营商	驻船讲解服务	驻船讲解场次
	获取额外游船收入	生态团数目
	减少大众对小艇海豚观光的负面印象	媒体报道及曝光
旅行社	直接经济收入	生态团数目
	建立知名度及口碑	媒体报道及曝光
	导游人才培训	已接受培训的导游数目
导游	提升知识水平、提高个人竞争力	已通过考核的导游数目
游客	优质旅游服务	游客对游程满意度

8.2 小艇运营商无执行力

大澳目前的运营商大多由退休、转业渔民经营，市场规模不算大。运营者及船家的教育水平及对海豚生态认识水平虽不高，但他们自小以海为家、于大澳生活数载，对驾船及与中华白海豚的共处方式却有一套自己的见解。他们虽乐意配合采用新的观豚指引，但在实际情况下却难以操作，如：目前5家运营商各自运营，便须靠协调机制以确保同时不可有3架小艇围观海豚；遇上风浪大的日子，基于乘客安全，船家们会加速行驶以保持船身稳定；安装螺旋桨保护罩经测试后因安全问题而暂时被搁置等。因此，除了需要获取小艇对海豚生态影响的科学研究数据，还需与运营商建立长期而有效的沟通渠道，定期向运营商发布研究及监察结果，聆听船家意见、提高经济诱因并协助其克服执行指引中遇到的困难。

8.3 旅行业界欠缺诱因

旅行社及导游对观豚业的可持续发展起了关键作用。但由于观豚活动在香港是小众旅游活动，利润低，在目前欠缺法律监管及市场自由运作的环境下，大型旅行社欠缺诱因执行观豚指引、选择遵守观豚指引的供货商，而现职导游也鲜有主动督促船家遵守观豚指引并向参与者传递海豚保育信息者。政府和环保团体应联同香港旅游业议会（负责监管香港外游和入境旅游事务的法定机构）合作举办导游培训班，向导游提供带领观豚活动的正确态度及海豚生态知识；通过旅业议会定期向举办观豚活动的旅行社派发观豚指引并提供供货商守规成果报告；另外，可通过认证制度把有关旅行社、小艇供货商、导游名单上传至网站供公众阅读，通过公众活动推广认识遵守观豚守则的重要性，同时让公众协助监察，并借用消费者力量向旅行社及供货商施加压力。

总结这次项目经验，在欠缺足够市场诱因及法律监管的前提下，政府需就香港观豚业定下长远目标，并调拨资源与各持份者（包括环保团体、小艇运营商、旅行社、导游、公众）保持长期而良好的关系，加强沟通，平衡各持份者的利益及角色，提供协助与支持，营造市场环境及氛围，才可使项目获取最终真正的成功。

注释

① 持份者，或称利益关系人，泛指其利益受到观豚活动影响，或其业态及参与影响到观豚活动运作的个人或团体。

参考文献

[1] 中华白海豚保护情况. 香港世界自然基金会[EB/OL]. (2018-12-25). https://www.wwf.org.hk/reslib/species/chiwhitedolphin/status/.

[2] 大澳观豚船对海豚影响. 香港自然生态论坛[EB/OL]. (2018-12-25)[2010-8-4]. http://www.hkwildlife.net/Forum/viewthread.php?tid=59813.

[3] HUN K Y. Monitoring of Marine Mammals in Hong Kong Waters (2017-18). Hong Kong Cetacean Research Project, 2018.

[4] 观豚活动守则. 香港：渔农自然护理署（2000）[EB/OL]. (2018-12-25). http://www.afcd.gov.hk/textonly/tc_chi/country/cou_vis/cou_vis_mar/cou_vis_mar_mpvs/files/code_of_conduct_dolphin.pdf.

[5] Cheng I. N. Y., Cheung L. T. O., Chow A. S. Y., et al. The roles interpretative programmes in supporting the sustainable operation of the nature-based activities[J]. Journal of Cleaner Production, 2018: 380-389.

[6] 旅行代理商条例. 香港特别行政区政府旅行代理商注册处[EB/OL]. (2018-12-25). https://www.tar.gov.hk/chi/travel/highlights.html.

Birds in the "Land Like No Other": Sri Lanka

天选之地斯里兰卡的鸟类

文 / Sarath Wimalabandara Kotagama

【Abstract·摘 要】

The rich resource of birds is an important component of the tourism industry. Similar to wildlife, birds have generated tourism in two ways: by attracting tourists who wish to observe birds in a new country and, more recently, to photograph them using increasingly sophisticated cameras. The gradual increase in birdwatchers traveling abroad to view birds serves as the backdrop to the growth of the 'birdwatching tour' segment in nature and wildlife tourism. Initially, such tours were limited and insignificant; today, however, many tour agents have begun specializing exclusively in such tours. This article examines three aspects of the birdwatching trend: bird resources in Sri Lanka; where to watch birds in Sri Lanka; and the case of birdwatching becoming bird showing, which is a direct outcome of the tourist industry and calls for practitioners to behave responsibly and ethically.

丰富的鸟类资源已成为旅游业发展的重要部分。野生鸟类对旅游者的吸引来自两种途径，一种是游客在全新陌生的国度里观赏鸟类，另一种则是近年来涌现的飞鸟摄影家们前往拍摄创作。出国观鸟的游客不断增多，自然（野生动物）旅游中应运而生的"观鸟游"也随之增加。虽然早期这种旅行团非常少见，也并未引起旅游组织者的重视，但如今已经有越来越多的旅行社专门吸纳和组织"观鸟团"旅行。本文以观鸟天堂斯里兰卡为例，主要从三个部分阐述了观鸟旅游的发展趋势：第一部分首先详细描述了斯里兰卡所拥有的丰富鸟类资源，第二部分继而给出了岛上观赏各类鸟的最佳区域位置，最后在第三部分呼吁本应是顺应自然的"观鸟游"正在变成人为主导的"鸟类表演秀"。旅游活动所带来的这一直接负面影响，要求旅游业各方更要承担起加强使命感与道德感的重任。

【keywords·关键词】

Birds；Distribution；Birdwatching；Tourism
鸟类；分布；观鸟；旅游

【Biographical notes·作者简介】

Sarath Wimalabandara Kotagama Field Ornithology Group of Sri Lanka, University of Colombo, Vidya Jothi Emeritus Professor

Notes:All photos are provided by authors.

Figure 1 Urocissa erythrorhyncha   Photo by Yu Xiaojian

Part A. Birds of Sri Lanka

Birds are found in every part of the world and exhibit various remarkable faunistic assemblages. The global distribution of more than 10000 species has been studied extensively(Figure 1). Additionally, recent publications based on the new molecular approach to species identification have estimated the number of bird species to be around 18000~20000. Birds have comprised a major group used to determine zoogeographic regions of the world (Sclater 1858). Specifically, Sclater (1858) identified three realms and six regions: the realm of Megagaea (Arctogaea), meaning 'the main world land mass', includes the Ethiopian, Oriental, Palaearctic, and Nearctic regions; the realm of Notogaea refers to the Australian region.

Indomalayan (Oriental) Region

The Indomalayan region extends from the Ethiopian region in the west, Palaearctic region in the north, and Australian region in the south east. Situated in this region are tropical parts of Asia including India, part of China, Vietnam, Mynmar, Bangladesh, Pakistan, Laos, Cambodia, Malaysia, Singapore, the Phillippines, and the upper half of Indonesia up to the Wallace Line. The Himalayan range acts as the boundary to the west and north. It has a rich fauna of roughly 1697 species in three endemic families:leafbirds, frogmouths, and bearded bee-eaters. The region recognizes 129 endemic genera and 1184 endemic species. Characteristic birds of this region are pheasants, pigeons, parrots, trogons, woodpeckers, babblers, sunbirds, and graminivorous passerines. The region's rich residential and indigenous species are supplemented by migratory birds from the north along the Central Asian Flyway and the East Asian Flyway during October through April.

Given this background, it is interesting to examine the birds of Sri Lanka, especially in comparison to the Indian subcontinent. India has about 1266 species, of which 61 are endemic. Sri Lanka hosts 505 species (272 subspecies and 58 endemic subspecies), 33 of which are endemic. These figures reflect the island's long history of isolation; the high number of endemic birds is further evidence of this phenomenon.

The Zoogeographic History of Sri Lanka

About 300 million years ago, during Permian times, Sri Lanka was part of the massive continent of Gondwanaland. Roughly 135-180 million years ago in the Jurassic, the continent broke and plates drifted to their present positions (i.e., nearly 75 million years ago). Sri Lanka remained part of the Indian mainland throughout this period until its separation approximately 25 million years ago, at which time the country assumed its present position. In subsequent years, especially during the Pleistocene glaciation periods and coincident with the glacial and interglacial periods, Sri Lanka was connected over land and submerged as a smaller island, respectively. The final separation, resulting in present-day Sri Lanka, is believed to have occurred 12000 years ago. These changes have played a pivotal role in the distribution and evolution of the country's avifauna. Correspondingly, most of Sri Lanka's avifauna is related to India and exhibits numerous similarities with the species there. Other similarities are shared with the Malayan and Australian regions. In light of the country's partial submergence and the creation of 'ecological islands' in the south western and central hills, speciation has resulted in endemics and the retention of some 'relict species'.

The country's subspecies differ mainly by being either smaller in size, darker in plumage, having a more developed bill (e.g., longer, heavier, or both), or exhibiting unique plumage characteristics. The latter category includes the attainment of nearly male-like plumages in the azure blue flycatcher, magpie-robin, pied bush chat, black robin, and stilts. Seasonal plumages among the prinias, Kentish plover, and stilts are remarkable examples. Most subspecific distinctions (40%) are found among the passerines.

Relict Avifuana

Given the creation of 'ecological islands' due to zoogeographic changes, the inhabitants of these island systems, especially in the wet zone, induced flora and fuana that have been maintained discontinuously over periods of time by a fortuitous annual climatic cycle ; such inhabitants are referred to as relict species (Ripley 1982). These conditions are most prevalent in the high hills of the Malabar, the southwestern coast of the Indian peninsula, and in the southwestern part of Sri Lanka. On the above basis, Ripley identified eight species as avian relicts of Sri Lanka (Table 1).

Nearly all these species show affinities with the Eastern Himalayan and Oriental regions. Some also extend to the Malayan subregion; these birds are also endemic to Sri Lanka. Therefore, these species comprise an important component of avifauna.

Table 1 Eight Species as Avian Relicts of Sri Lanka

Species	Common name	Closest Affinity
Cissa ornata	Blue Magpie	Himalayan & Oriental
Pycnonotus penicillatus	Yellow-eared Bulbul	Himalayan & Oriental
Pellorneum fuscocapillum	Brown-capped Babbler	East Himalayan & Oriental
Garrulax cinereifrons	Ashy-headed Babbler	East Himalayan & Oriental
Bradypterus palliseri	Sri Lanka Warbler	East Himalayan & Oriental
Myiophoneus Blighi	Arrenga	Peninsular India & Oriental
Zoothera spiloptera	Spotted-winged Thrush	Himalayan & Oriental
Dicaeum vincens	Legge's Flowerpecker	East Himalayan & Oriental

Bird Checklist

The 505 documented bird species recorded in Sri Lanka thus far include all records of sightings from a vast number of birdwatchers. These species have also been placed in three lists to indicate their degree of definitiveness with respect to their presence in the country.

List 1/A documents only those birds that have specimens deposited in a recognized repository collected from Sri Lanka (e.g., in museums).

List 2/B contains species that have been regularly sighted (at least more than three times) but do not have deposited specimens in a repository collected from Sri Lanka. This list also contains captured and released specimens during National Ringing Programmes, though no specimens have been deposited.

List 3/C contains all other sightings (fewer than three) by various persons as seen in the country. This list is most important, as it can inspire other birdwatchers to look for these species and elevate them to List B.

Table 2 Number of Species of Three Lists

Catergory	Number of Species
List A	373
List B	48
List C	84

These figures (Table 2) reveal crucial information about the birds of Sri Lanka. The number of birds in Lists B and C indicate how dynamic the bird population is. Many overseas birdwatchers have contributed to enhance this list, as they are more familiar with the birds in their country. Sighting some of them in Sri Lanka has made the difference. The country's vital position as an island in the Indian subcontinent has further contributed to this unique feature.

Distribution of Birds (Avifaunal Zones)

The distribution of birds in Sri Lanka should first be considered in the context of the country's past position in relation to its closest neighbor (i.e., India) and its zoogeographic history. An analysis of birds based on their associations has rendered interesting 'avifaunal zones' for Sri Lanka. In his groundbreaking publication in 1881, Legge acknowledged the presence of four zones, namely on the basis of differences among the north, the dry zone (DZ), the wet zone (WZ), and the Uva districts. Kotagama (1993) recognized additional divisions in the wet zone (i.e., low [LC], mid [MC], and high [HC]) as depicted in Figure 2 (Avifaunal Zones of Sri Lanka). The avifaunal zones of the country are thus as follows:

- northern/Indian or Decan avifaunal zone of the north
- dry zone avifauna
- Uva avifauna
- high country avifauna
- wet mid country avifauna
- wet low country avifauna

A list of characteristic species from each zone is presented in Table 3.

Two interesting features of this distribution are as follows:

(1) Of birds exclusive to the hill country, most are resident species and include six endemics. This feature highlights the extent to which the hill country has been isolated, thus promoting speciation. In addition, of the 17 resident species shared with the LCWZ, six are endemics, encompassing 12 of the 34 total endemic species. In terms of endemic species, this zone is of utmost importance.

(2) Approximately 50% of birds in the LC, LCDZ, and LCWZ are migrants; thus, a fair amount of the richness of the country's fauna depends upon them.

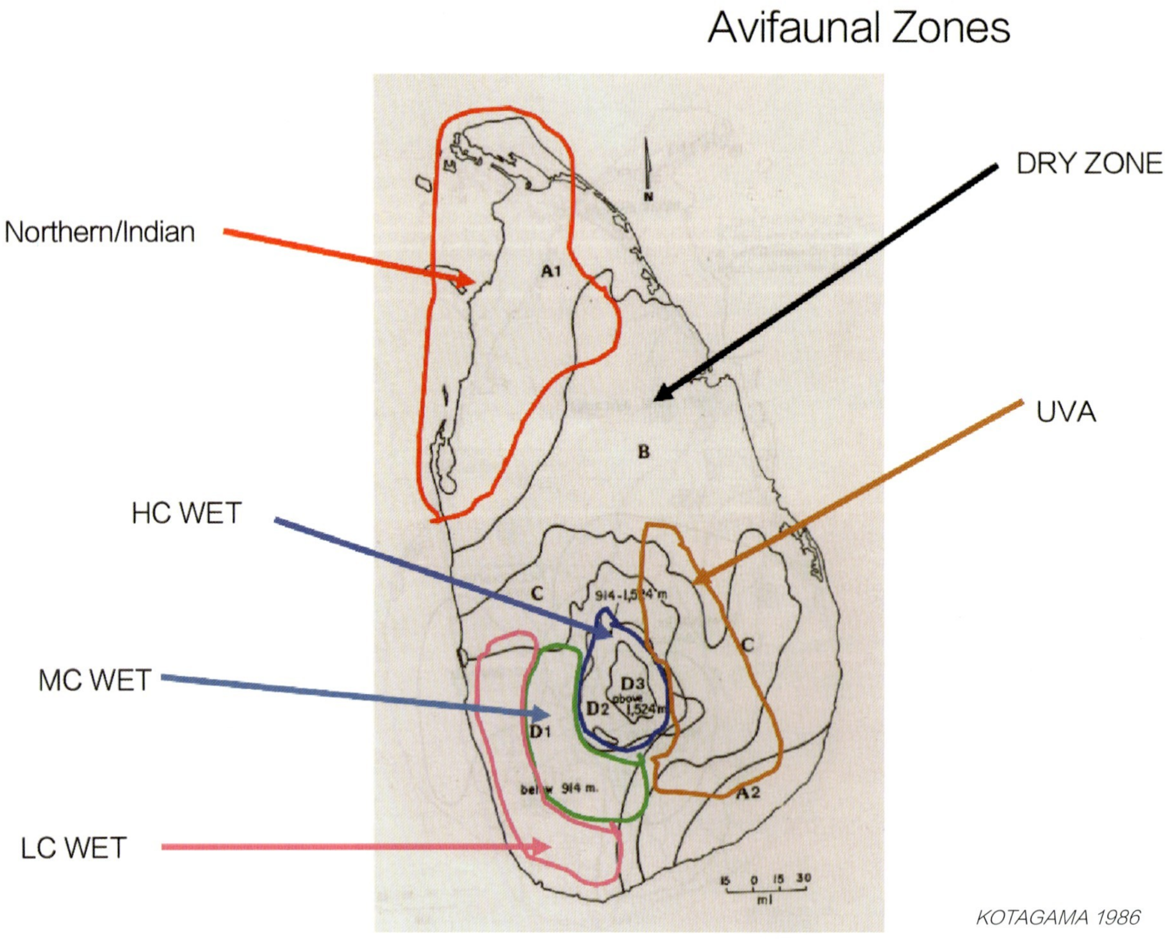

Figure 2 Avifaunal Zones of Sri Lanka

Table 3 Common Birds of the Avifaunal Zones

Avifaunal Zones	Characteristic species
Northern	Grey partridge, black kite, black drongo, grey shrike, collard dove
Uva	Painted partridge, southern sirkeer, blue-eared kingfisher, yellow-legged green pigeon, streaked throated woodpecker
Wet High	Yellow-eared bulbul, arrenga, bush warbler, hill munia, pied bush chat, kashmir red-breasted flycatcher, black bird
Wet Mid	Legges flowerpecker, green-billed coucal, ashy-headed babbler, white-headed starling
Wet Low	Orange-billed babbler, Sri Lanka blue magpie, Sri Lanka crested drongo, Sri Lanka chestnut-backed owlet

Endemic Birds

Endemic species of organisms 'are those restricted to a specified geographical area'. In practice, they are loosely and commonly categorized into four groups in terms of sites or restricted areas, biotopes or nio-regions, biogeographical regions, and political areas; of these, the 'political areas' restriction is most common.

Organisms confined within the boundary of Sri Lanka and nowhere else are considered endemic species of Sri Lanka. The number of such species depends on the identification of species confined to Sri Lanka, which has proven to be a difficult task. The scientific approach to the identification, naming, describing, and classification of species according to taxonomic principles has provided researchers tools to recognize species and the number of endemics; however, such tools do not imply that this process has been simple or without problems(Table 4).

Methods of species identification have also changed considerably and continue to evolve with scientific advances, further complicating identification. It would not be surprising if the number of definitive endemics continues to rise. However, we do not intend to confuse the reader with these scientific problems; in keeping with present taxonomic principles, the number of endemic species in Sri Lanka stands at 33.

Endemic species comprise an important group of organisms in the country's biodiversity. They have evolved to be restricted to the country and, in many instances, to areas and habitats within it. This aspect renders species particularly vulnerable to man-made changes in land use. It is therefore unsurprising that of the 33 species, 15 were listed as internationally threatened in the 'Asian Red Data Book of 2001' and 22 were labeled nationally threatened in 'The 1999 List of Threatened Fauna and Flora of Sri Lanka'. Among these, the Sri Lanka whistling thrush (Arrenga) is considered an internationally endangered species, requiring the highest protection and attention in conservation(Table 5).

Migrant Species

Birds have had the advantage of using the best aspects of different parts of the world when

Table 4 Many changes have occurred in the number of endemic birds recognized in Sri Lanka since 1872. These numbers have ranged from 47 (Legge 1880) to 20 (Ripley 1946).

Year	Number of endemic birds	Description
1872	37	Holdsworth – Catalogue of Birds found in Ceylon
1880	47	Legge – A history of birds of Ceylon
1931	25	Wait – Mannual of Birds of Ceylon
1944	22	Whistter – Avifaunal survey of Ceylon
1946	20	Ripley – Comments to Endemic Birds of Ceylon
1952	21	Phillips – Checklist of Birds of Ceylon
1975	21	Phillips – Revised checklist (1952) of Birds of Ceylon
1977	21	Flemmings – Notes on endemic birds of Ceylon
1978	21	Phillips – Revised checklist (1977) of Birds of Ceylon
1990	23+1	Sibley & Monroe – Distribution and Taxonomy of Birds of the World
1994	23+1	Kotagama and Fernando – A field guide to the Birds of Sri Lanka
1994	23+3	Wijesinghe – A checklist of the birds of Sri Lanka
1996	23+3	Inskip et al – An Annotated Checklist of the Birds of the Oriental Region
1998	23	Grimmett R, Inskipp C and Inskipp T – Birds of the Indian Subcontinent
1999	23	Harrison J – A Field Guide to the Birds of Sri Lanka
2012	27	Warakagoda D, InskippC, InskippT, Grimmett R. –Birds of Sri Lanka
2011	30	Harrison J. – A Field Guide to the Birds of Sri Lanka
2005	33	Rasmussen P.C, Anderton J.C. – Birds of South Asia The Riley Guide
2010	28 (6)	Kotagama, S.W, Ratnavira G. – An illustrated Guide to the Birds of Sri Lanka
2017	34	De Silva Wijeyeratne, G. – Birds of Sri Lanka
2017	33	Kotagama, S.W, Ratnavira G. – Birds of Sri Lanka an illustrated Guide

Table 5 List of endemic species and their distribution

	Scientific name	English name	Distribution
1	*Galloperdix bicalcarata*	Sri Lanka spurfowl	WZ; eastern and southern sectors of DZ; HC; Uva pathana; mid LCWZ
2	*Gallus lafayetii*	Sri Lanka junglefow	All zones
3	*Columba torringtoniae*	Sri Lanka wood pigeon	HZ descends to LCWZ during fruiting seasons; a few sightings in restricted areas
4	*Treron pompadora*	Sri Lanka green pigeon	LC and foothills; frequents forested areas with fruit trees
5	*Centropus chlororhynchus*	Sri Lanka green-billed coucal	LCWZ and wet foothills
6	*Phaenicophaeus pyrrhocephalus*	Sri Lanka red-faced malkoha	LCDZ (rarely in drier edges of the WZ)
7	*Glaucidium castanotum*	Sri Lanka chestnut-backed owlet	LCWZ and HZ
8	*Otus thilohoffmanni*	Sri Lanka Serendib scops owl	WZ
9	*Ocyceros gingalensis*	Sri Lanka grey hornbill	LC, visitor to HZ; most plentiful in DZ
10	*Psilopogon rubricapillus*	Sri Lanka barbet	All zones
11	*Psilopogon flavifrons*	Sri Lanka yellow-fronted barbet	Mainly lower HZ and WZ, less common in DZ
12	*Loriculus beryllinus*	Sri Lanka hanging parrot	All zones (most common in WZ and WZ foothills)

(Continued Table 5)

	Scientific name	English name	Distribution
13	Psittacula calthrapae	Sri Lanka emerald-collared parakeet	Mainly in HZ and forested humid areas of LC; uncommon at highest elevations
14	Chrysocolaptes stricklandi	Greater Sri Lanka flameback	All zones
15	Dinopium psarodes	Lesser Sri Lanka flameback	All zones except north
16	Tephrodornis pondicerianus	Sri Lanka woodshrike	LC and lower hills
17	Dicrurus lophorinus	Sri Lanka drongo	WZ; confined to forests
18	Urocissa ornata	Sri Lanka blue magpie	LCWZ and HZ
19	Elaphrornis palliseri	Sri Lanka warbler	HZ
20	Cecropis hyperythra	Sri Lanka swallow	All zones
21	Pycnonotus melanicterus	Sri Lanka black-capped bulbul	All zones; more plentiful in DZ riverine habitats
22	Pycnonotus penicillatus	Sri Lanka yellow-eared bulbul	HZ
23	Zosterops ceylonensis	Sri Lanka white-eye	HZ, less common in LCWZ foothills
24	Pomatorhinus melanurus	Sri Lanka scimitar babbler	All zones
25	Pellorneum fuscocapillus	Sri Lanka brown-capped babbler	All zones
26	Turdoides rufescens	Sri Lanka orange-billed babbler	LCWZ and HZ; confined to undisturbed forest patches of WZ, uncommon in HC
27	Garrulax cinereifrons	Sri Lanka ashy-headed laughing thrush	LCWZ and HZ; confined to a few forest patches of WZ with a few sightings in HC forests
28	Sturnus albofrontatus	Sri Lanka white-faced starling	WZ foothills and mid HC
29	Gracula ptilogenys	Sri Lanka myna	LCWZ and HZ
30	Geokichla spiloptera	Sri Lanka spot-winged thrush	LCWZ and HC; rarely in dense LCDZ
31	Eumyias sordidus	Sri Lanka dull-blue flycatcher	HZ; humid locations in LCWZ
32	Myophonus blighi	Sri Lanka whistling thrush	HZ; restricted to the Horton Plains and adjacent areas, where sightings are frequent; unconfirmed sightings from foothills of the northern side of HC
33	Dicaeum vincens	Sri Lanka white-throated flowerpecker	LCWZ and lower HZ; most common in the mid LC in the vicinity of forests

the climate changes. Migration among birds has been noticed since ancient times. Relevant scientific study is ongoing, and much remains to be learnt about birds' needs to ensure their conservation. By flying across political boundaries and cultures, birds are subject to numerous threats arising from these differences. Thus, collective understanding and agreements are necessary to conserve them.

The movement of birds from their breeding grounds to another area (e.g., feeding area) to avoid inclement weather, and their subsequent return to the same breeding ground, is referred to as migration. Migration clearly differentiates between movements that are not bi-directional and site-specific as above; rather, migration is routine and coincides with specific climatic changes such as those involving temperature, daylight, and/or rainfall. Migration occurs most frequently in the north-south direction, but east-west and latitudinal migrations exist as well.

When the winter season begins, the temperature drops, the amount of daylight declines, and food availability (and the time available to collect it) decreases. Therefore, birds are forced to seek better feeding grounds in the tropics where such drastic changes do not occur. By the end of August every year, researchers begin to record these migrants in Sri Lanka coming down from the north.

Most of the birds that come to Sri Lanka originate from the foot hills of the Himalayas and northeast Asia. Some birds come from as far north as Siberia and as far east as Europe. The migratory pathways or flyways that feed the birds to Sri Lanka are internationally recognized as the Central Asian Flyway. Most northern birds are believed to move down along the western route and eastern route along the Indian coasts. At least one species, the black-capped kingfisher, is believed to come across the Andaman Islands from the Indomalayan region to Sri Lanka(Table 6).

Table 6 Number of Species of Migrant

Catergory	Number of species
Waders	60
Ducks, geese	15
Other water birds	20
Raptors	24
Forest birds	78

Among waders, the most visible and widely distributed members are the common sandpiper, wood sandpiper, marsh sandpiper, redshank, curlew sandpiper, little stint, great sand plover, golden plover, and bar-tailed godwits. In the north, Eurasian curlews are present in considerable numbers. Among ducks, the largest numbers are gargeny and pintail. The most common raptors species are difficult to identify, but honey buzzards and harriers are present. These observations have shown that migratory birds coming to Sri Lanka come down the Indian subcontinent along two main routes, the eastern and western routes, commonly referred to as flyways. The eastern route brings in birds from Siberia, East Asia (Mongolia), and the north and eastern parts of India. They fly along the river valleys and over mountains, along the eastern side of India, and along the coast line to reach the tip of the Indian continent and Point Calimere, Cape Comorin, and so on. From there, they cross the ocean to enter Sri Lanka.

The western route brings in birds from Western Siberia, west and north west of the Himalayas, and from as far as from the Middle East and Eastern Europe. These birds likely follow the valley of the Indus River, along the western coast of Pakistan, and the western coastline of India to the tip of the Indian continent before flying across the Palk strait to Sri Lanka. In addition to these two major flyways, a third flyway from the Far East is recognized across the Andaman Islands to Sri Lanka (Figure 3).

Some birds that arrive in Sri Lanka along the western route are exclusively crakes, Caspian plovers, sociable plovers, western races of curlews, whimbrel, black-tail godwits redshank, most snipes, and harriers. Arriving along the eastern routes are mostly ducks, birds of prey, and some waders. Most birds come down this route. The third route is taken by birds such as the black-capped kingfisher, long toed stint, and Phillipine shrike from southeast Asia.

Migrants arriving at the end of the Indian peninsula enter Sri Lanka at five places. Most birds coming along the western flyway fly across the Indian Ocean to land in Sri Lanka along the western coast between Puttlam and Kalutara. Some weak birds are thought to fly up to join the entry points of the eastern flyway. Birds coming along the eastern flyway enter from either the Jaffna peninsula (flying across from Point Calamire) or from Rameshwaran (via Adams Bridge to enter at Mannar). Some species enter Sri Lanka at Devils Point. The fifth entry point is along the north east section for birds flying across from the Andamans. Weak-flying birds, and smaller

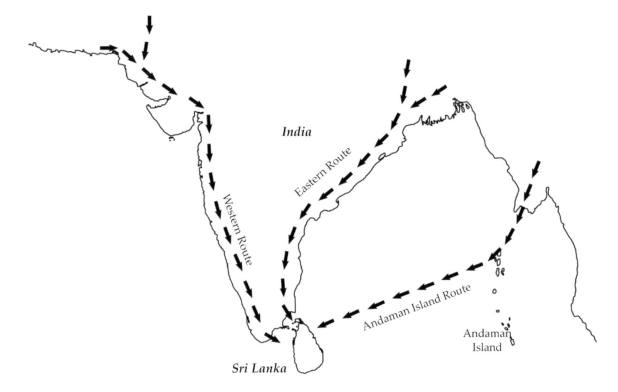

Figure 3 Migration- Map 1

passerines such as warblers and flycatchers, are believed to follow the Rameshwaran-Adams Bridge route, mostly over land (Figure 4).

Having entered the country, the birds continue to follow land formations to disperse within Sri Lanka. Most birds that enter from the Jaffna peninsula and the northeast follow the eastern coast or fly directly inland using the river systems. Birds that enter along the western coast follow along the Maha Oya or Kelani River. Another route is to fly along the Kalu Ganga river and pass through the valley between the Rakwana hills on the south,

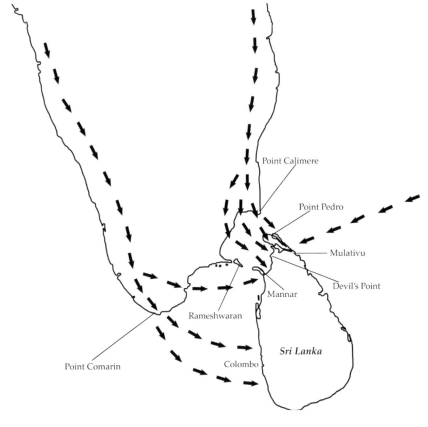

Figure 4 Migration-Map 2

the central hills in the northeast, and enter the southern coast without following the circuitous coastal path (Figure 5).

Of the 505 birds recorded in Sri Lanka, roughly 174 or 36% of Sri Lankan avifauna are migrants; this proportion is high in comparison to India, which has only 16% migrant birds. Sri Lanka's strategic position and its dimension are the main reasons for this. The largest number of migrants are seen among waders, ducks, and coastal birds. In the Charadridae family, 42 of 47 birds are migrants. Thus, all plovers (genus Pluvialis and Charadrius) except the resident populations of Kentish plover, sand plover, and little ringed plover; all sandpipers (Tringa spp.); most snipe (Gallinago); whimbrels/curlews (Numenious spp); godwits (Limicola); and stints (Calidris) belong to this group. The five birds that do not migrate are the red-wattled lapwing, yellow-wattled lapwing, little ringed plover (subsp jerdoni), and Kentish plover (subsp seebohmi).

In the Anatidae family, except for the cotton teal, whistling teal, comb-duck, and possibly populations of the spot-billed duck, all other species are migrants (i.e., 11 of 14). Of this group, the most common proportionally are the gargeny and pintail, with estimated migrations of 250000 or more.

In the Laridae family, which is the main coastal group of birds, 15 of 19 are migrants. Of them, the commonest is the whiskered tern, which spreads into nearly all inland waterways. Many of them are restricted to leyways, lagoons, and the coast. In recent times with the identification of breeding terns in small coral islands offshore from Trincomalee, doubt has been cast on the status of many terns. Detailed studies are needed to verify these doubts.

Coming inland, the highest number of migrants is seen in the Muscicapidae family (24 of 46 birds). The familiar tree warblers (Phylloscopus), thrushes (Turdus,

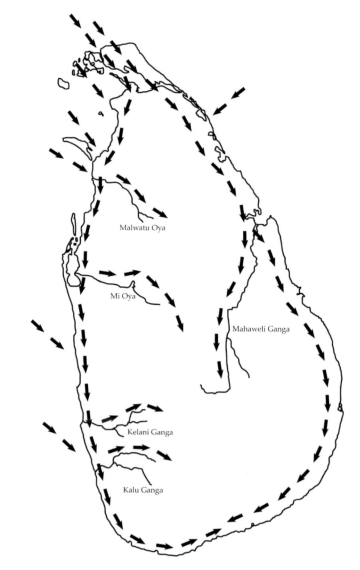

Figure 5 Migration-Map 3

Zoothera), and blue chat (Erithacus) are common and abundant. Conversely, many species are irregular and often unnoticed: the warblers (Locustella), reed warblers (Acrocephallus), white-throats (Sylvia), and wheater (Oenanthe) are among them.

Next to be addressed are the following species:

(1) Of the wagtails and pipits (Fam-Motacillidae), 6 of 7 migrate. The only bird that does not migrate is the paddy field pipits (sp. malayensis).

(2) Of the swallows (Fam-Hirundinidae), 5 of 7 migrate. The most common are the East Asian or European swallow; other species in the family are quite irregular and rare.

Birds of prey should also be mentioned. In the Accipitridae family, 11 of 25 migrate, the most common of which are buzzards (Buteo) and harriers (Pernis). The osprey (Pandion) is regular but not common. In the Falconidae family, except for the resident breeding Shahin falcon, all other members (5) migrate. The threatened kestrel is fairly common in drier regions.

Important Bird Areas of Sri Lanka

Identification of important bird areas (IBAs) is based on a globally accepted and standardized set of criteria. Four global criteria are used to determine these areas. The first three criteria focus on species, whereas the fourth focuses on site characteristics. However, initial attempts to apply global criteria to designate IBAs failed to reflect the true situation in Sri Lanka for several reasons. First, when considering criterion A1, only nine resident bird species are listed in the global list; the others are vagrants to Sri Lanka. However, according to a recent national assessment, this number appears to underestimate the current situation in Sri Lanka. Therefore, designation of IBAs using the A1 criterion will result in gross underestimation. Second, because Sri Lanka is a small island, only two global biomes are found there. The species listed as restricted to these two biomes in Sri Lanka are widely distributed in the country; therefore, using these species to designate IBAs will result in underestimation of true 'area-restricted species'. Third, criterion A4 cannot be applied with a high degree of confidence, as a lack of data on bird populations makes it difficult to estimate the proportion of the local population of a given species with respect to its global or biogeographic population; thus, only criterion A2 is widely applicable for IBA identification in Sri Lanka. Therefore, in adapting the global criteria to Sri Lanka, the Field Ornithology Group of Sri Lanka (FOGSL) made several amendments to make the measure more meaningful to Sri Lankan conditions. Accordingly, the number of IBAs recognized in Sri Lanka stands at 77, with the north and east under-represented as proper surveys were inpossible. Many of these locations are now protected under the country's wildlife and forest legislations. The map in Figure 6 indicates these locations.

An exercise parallel to IBAs was the identification of birdwatching sites, otherwise known as birding sites. These have also been recognized in the National IBA/Bird Site map of the National Atlas programme of Sri Lanka.

Sea Birds

Because Sri Lanka is at the end of the Indian peninsula, it stands out across the paths of many ocean currents. Changes in monsoonal winds therefore have a profound effect on sea birds, which tend to be driven towards land with these changes. Most sea birds (i.e., those that are typical ocean wanderers around Sri Lankan waters) belong to the orders Procellariformes (petrels and shearwaters) and Pelecaniformes (tropicbirds, boobies, and frigatebirds), although a few belong to the Stercorariidae (skuas)

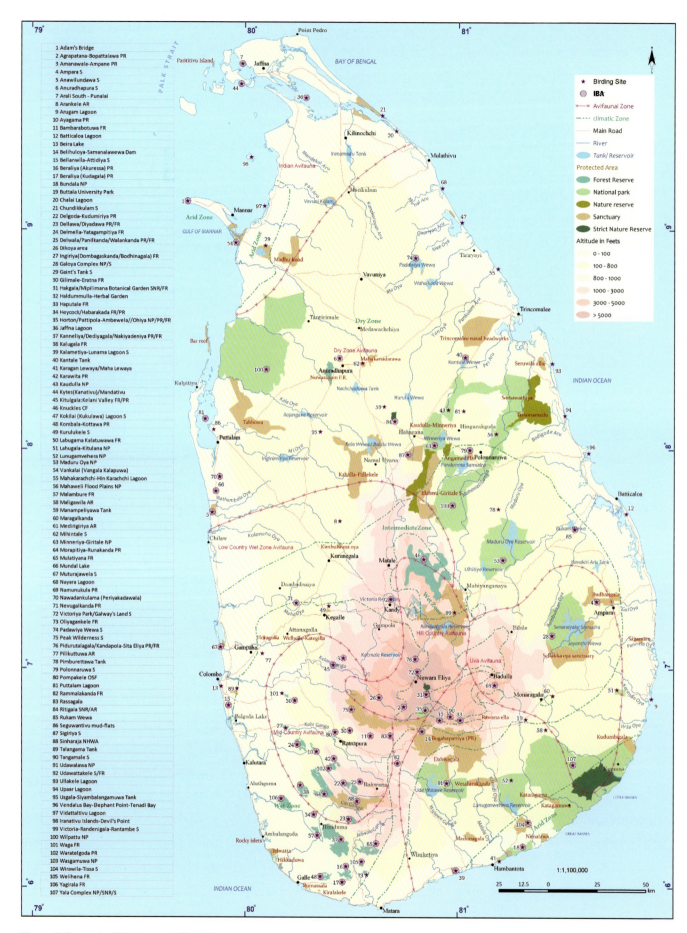

Figure 6 Sri Lanka IBA Map and Bird Sites

and Lariidae. (gulls and terns) families. While not all members of the Lariidae family are ocean wanderers, some are.

In the order Procellariformes, the Procellaridae family is represented in Sri Lanka. The shearwater and cape-petrel belong to this family. Only one record of the cape-petrel (Daption capensis) has been recorded in Sri Lanka. Among the four Shearwaters recorded off Sri Lankan waters, the commonest among those recorded is the wedge-tailed shearwater (Procellaria pacifica). Being a resident of the northern Indian Ocean and breeding on islets in the Seychelles, many have been picked up along western shores during the South West monsoon. The other species are the pink-footed shearwater (Procallaris carneipes; 2 records), slender-billed shearwater (Procellaria tenuirostris; 1 record), and white-fronted shearwater (Procallari leucomelaena; 2 records).

The Hydrobatidae family is in the same order, in which Wilson's storm petrel (Oceanites oceanicus) is found. They occur in large numbers close to the coast, especially between May and November. These birds often move down in small groups close to the water level, picking up food among the waves. The other species, Leach's petrel (Oceanodroma leucorhia), was recorded once off Mutwal in 1927.

The Pelecaniformes order is represented by the Phaethontidae (tropicbirds), Sulidae (boobies), and Fregatidae (frigatebirds) families. Tropicbirds recorded in Sri Lanka are the short-tailed tropicbirds (Phaethon aethereus) and white tropicbird (Phaethon lepturns). Of these, the white tropicbird is seen more often along the western coast and inland among the coconut trees.

Three species of boobies—the masked booby (Sula dactylatra; 2 records), red-footed booby (Sula sula; 2 records), and brown booby (Sula leucogaster; many records)—have been recorded. Of these, the brown booby is quite common offshore. Of the frigatebirds, the smaller Iredale's frigatebird (Fregate ariel) appears more commonly along the western and southwestern coasts. Two others, the Christmas Island frigatebird (Frigata andrewsi) and lesser frigatebird (Fregata minor), have been recorded several times. In the order Charadriiformes and the Stercorariidae family, three species—the Antarctic skua (Catharacta skua; more than 6 records), pomatorhine skua (Stercorarius pomarinus), and arctic skua (Stercorarius parasiticus)—have been recorded, mainly along the eastern coastline.

Most of the above birds have been recorded from western and southern coastal areas; however, this does not necessarily imply that they are not present along the eastern side. Interest in sea birds in Sri Lanka is limited; hence, only birds that are often picked up, exhausted, or dead along the country's most habitable coastline are sent to the Zoological Gardens alive or to the museum if deceased. Nearly all sea birds have been recorded in this fashion. The importance of these collections is evident from numerous recent records, such as the Jouanine petrel (Bullwaria fallax), white-capped noddy (Anous tenuirostris) and, more recently, the second record for the red-footed booby (Sula sula). However, many must be going unrecorded, as there have been reports of large birds being sighted and even killed and eaten by individuals elsewhere in coastal areas. In addition, the small number of individuals who go out to sea to watch sea birds remains a hindrance. Mr. Rex de Silva only recently initiated the Sea Bird Watch to study the brown-winged tern (Sterna anaethetus) in particular, and he has been able to add more species to the checklist.

Finally, let us consider the members of the Laridae family in the Charadriiformes order. Although not all are strictly ocean wanderers, most are coastal birds. Of the five species of gulls recorded in Sri Lanka—except for the brown-headed gull (Larus brunnicaphalus) and the greater black-headed gull (Larus ichthyactus), which are annual visitors in large numbers—the dark backed herring gull (Larus argentatus), lesser black-backed gull (Larus fuscus), and black-headed gull (Larus rudibundus) have been recorded in very small numbers. Of the terns, only a few can be considered true sea wanderers. The brown-winged tern (Sterna anaethetus) has been recorded as moving south in large concentrations, a short distance from the western coastline for a long period of 4-6 months. So far, no observations have been recorded of them moving back along the same route; thus, their movement remains elusive. The sooty tern has appeared over the years in unlikely places, such as the central hills and Sinharaja forest. All birds have been collected either exhausted or dead. This bird may fly across the island and occasionally become stranded due to exhaustion.

Part B. Where to Watch Birds

Sri Lanka is a birdwatcher's paradise. A short 30-to 40-minute walk anywhere in the morning (other than city hubs) will reveal at least 35~50 bird species. These birds can be broadly categorized as forest/garden birds; wetland birds; or residents, endemics, and migrants. With more than 10000 water bodies of various sizes in the major climatic dry zone of the country, the influence of wetlands is readily apparent everywhere. As such, wetland birds (other than those that are heavily dependent on the water body) are common.

Most general resident birds can be seen in any part of the country in the wet and dry zones. The birds of the north are unique, as a few are seen only in that area. Looking for endemic birds would entail a stay in Sri Lanka's wet zone. The prime location is Sinharaja World Heritage Reserve because of the vast visibility and ease of observation. Meeting with a good mixed-species feeding flock would guarantee at least eight endemics. When followed by a visit to the hill country, most endemics could be seen.

For waders, which are mostly migrants, the lagoon system along the coastline plays an important role. Migrant waders are abundant in the reserve lagoons where human activity is low. Thus, all protected-area lagoons are fruitful for waders during the season (September through April).

For sea bird watching, an ideal place is the chain of islands off Mannar; however, these are not accessible for most of the year and require special permission from the security (Naval) forces. With whale watching being popular now, travelers on these expeditions can also observe sea birds in the ocean in the southern part of Sri Lanka. The IBA/Bird sites map provides an extensive list of locations for birding, most of which are easily accessible by public transport.

Part C. Birdwatching Tours or Bird-showing Tours?

Although this sub-title may seem misleading, it is not upon analyzing so-called bird tourism or excursions to see birds as a part of the tourism industry. Like most products within the folds of economics, the factors of supply and demand operate such that profit motives override all ethical and moral standards. As a minority birdwatcher in bird tourism, I define what happens in the tourist industry (in most cases) in the name of bird tours as 'bird-showing tours'.

Serving as a guide on a bird tour is highly challenging, as visitors expect a great deal from their guide. In a situation in which visitors forget that birds are part of the natural system, they expect the guide to show them what they aspire to see. Most often, these birds are rare and endemic species of a country—and they are generally rare because of a natural evolutionary result or due to the unscrupulous actions of mankind. Among them are endemics, which are specialized and found in habitats unique to the country. Such habitats are often protected and highly restricted to human activities. Thus, even a seemingly harmless birdwatcher may not be afforded the luxury of wondering off in the habitat to see a bird.

The jungle fowl is a bird present in almost all forests of Sri Lanka, but due to the persecutory action of man, it avoids humans and flees at the slightest indication of human presence in most parts of the country. Before 1983, the best place to see jungle fowl in fair numbers was Wilpattu National Park. During a single trip through the park in the mornings, seeing a reasonable number of jungle fowls was definite; they were often seen crossing the road or feeding by the roadside and fleeing upon vehicles' approach. The situation has not changed much even though the park has not been visited for nearly 30 years.

In the case of Sinharaja Wilderness Area, the story is completely different. In the 1980s, when we commenced our research in the forest reserve, seeing a jungle fowl was a treat. They were often spotted darting across the road at rocket speed. Today, it is completely different. When entering the forest reserve, one is greeted by the jungle fowl gracefully trotting towards you! What a sight—cameras begin clicking, and some viewers are unhappy as the bird is too close to the lens. Visitors then watch in surprise and try to walk away to capture a prized shot from a distance. How has this happened? The bird has habituated to humans. More dangerously, the birds have come to recognize visitors as providing what they like—namely tidbits from the market (e.g., biscuits)—leading to the contrast of watching the bird compared with seeing the bird. This phenomenon is in no way confined to Sri Lanka. In Sinharaja, the once-rare Sri Lanka Blue Magpie has become a similar 'victim'; the use of food has lured these and other birds to be seen.

There is also the use of bird calls as lures. It is a well-known fact in bird biology that bird calls are species-specific (except in the case of mimicry) and serve important biological functions. Two functions have been exploited by 'bird showers' to please bird tourists. A bird that defends its territory, especially a male, will respond to a similar male calling in its territory by moving towards the calling male, which it considers an intruder. Thus, a bird shower playing the call of a male bird will attract a male if it is in the area (i.e., its territory). Bird tourists are pleased to have a sighting of a rare bird and are satisfied that the trip has been worth its cost; some tourists will pay as much as US $500 to see the new Serendib scops owl in this way. Similarly, females and males (or mates) respond to each other's calls particularly during breeding seasons. Thus, by playing such 'contact calls', a male or female can be drawn towards observers. The purported guarantee of endemics is only possible via luring—yet how natural is this process? This is not birdwatching but clearly bird showing for money.

On the other hand, those who travel with the intention of seeing birds at any cost cannot be considered birdwatchers and contributors to bird conservation; it is a sad 'chicken-and-egg' situation that birdwatching tourists and guides must collectively respond to and avoid for the sake of birds. Consider a situation in which one bird must respond to a large number of bird tourists visiting the same area daily when lured by taped bird calls (i.e., 'tape luring'). The poor bird must find it extremely tiresome and is likely confused by the number of intruders who have come to its territory in one day.

When the adverse effects of tape luring are highlighted, participating parties tend to offer the following defenses:

(1) clients demand to be shown the birds; as such, guides have no choice but to employ these methods;
(2) these actions do not affect the bird, as tape luring does not happen often; and
(3) there is no evidence of how these actions affect the bird.

I will not take space here to address how unscientific, damaging, and selfish these excuses are.

FOGSL recognized this situation upon the initial popularization of bird tourism. It is because of this that FOGSL came up with its firm stand against any type of luring, particularly that based on taped calls. We even developed a tourist code of conduct that was a modification of similar practices in Nepal. Our code later became the basis for the BirdLife Bird Tourism Charter adopted at the 2008 World Bird Conference. Although this measure has somewhat diminished the emphasis on luring, FOGSL (despite accepting the BirdLife Charter) goes beyond when it matters by using unethical means to attract birds to be shown to tourists via tape luring.

The elements of the BirdLife Bird Tourism Charter are outlined below, exemplifying the minimum code of conduct all bird tourists should follow. We must not forget that birds come first, and it must be birdwatching (not showing) that we promote. Birdwatching requires the development of personal skills to be employed to enable visitors to enjoy the fruits of birdwatching through guidance and sharing; it must at no point become what seems to have evolved into bird-showing tourism.

Guidelines for Best Practices in Birdwatching Tourism

Based on the Charter that was developed in 2006, revised in May 2007 and adopted in 2008.

1.Put Bird First.

"Putting birds first means reducing to a minimum any disturbance to birds or their habitats, even if this may result in not seeing them".

2.Contribute to the Conservation of Sites Visited.

"Development of bird-focused nature tourism can provide an alternative development vision for sites proposed for major infrastructure development or habitat conversion, and help to convince decision-makers to conserve them".

3.Avoid Disturbing to Bird Habitat.

"In particularly sensitive areas, such as bird nesting areas or strict nature reserves, it may be necessary to avoid development of tourism facilities altogether or, at least, restrict them to an absolute minimum".

4.Remember Your Ecological Footprint.

"Remembering your ecological footprint means conserving water and energy, and reducing waste and pollutants, thereby improving the ecological balance sheet of each trip".

5.Involve Local People in Planning and Delivering Tourism.

"Involving local people in planning and delivering tourism can help build local pride, and encourage them to take an active interest in the conservation of birds and the sites at which they occur".

6.Respect Local Customs and Rights.

"Local customs and rights should be respected, not only

because of the contribution they make to the overall appeal of tourism sites, but also because of their own intrinsic value".

7.Enhance the Quality of the Visitor Experience.

"The quality of the visitor experience can be enhanced in three ways: improved information; improved service; and improved facilities".

8.Convert the Un-converted: Build Constituencies for Nature Conservation.

"Promoting bird watching as a hobby can help create constituencies for the conservation of birds and other biodiversity".

The detailed publication can be downloaded from the BirdLife International website and obtained from partner organizations in various countries. FOGSL will be glad to assist any birdwatcher in maximizing his/her satisfaction, within the bounds of nature, while protecting the future of birds and biodiversity conservation.

References

[1] Ali S., Ripley S. D. Handbook of the Birds of India and Pakistan [M]. New Delhi: Oxford University, 1968.

[2] De Silva R. I. The sea birds of Sri Lanka: an annotated checklist [J]. Ceylon Journal of Science (Biological Sciences), 1990, 21(1): 28 – 33.

[3] Kotagama S. W. Wildlife conservation and the development of the South East dry zone [J]. ARTI Document Series, 1993, 6(13).

[4] Kotagama S. W., Ratnavira G. Birds of Sri Lanka an illustrated guide [J]. Field Ornithology of Sri Lanka, 2010, 65(542).

[5] George F. B., et al. How Many Kinds of Birds Are There and Why Does It Matter? [EB/OL]. [2016 – 11 – 23] http://journals.plos.org/plosone/article?id=10.1371/journal.pone.0166307.

[6] Ripley S. D. Avifauna of Asia (Book Reviews: A Synopsis of the birds of India and Pakistan, together with those of Nepal, Sikkim, Bhutan, and Ceylon) [J]. British Journal of Sports Medicine, 1963, 34(3): 188 – 194.

[7] Sclater P. L. On the general geographical distribution of the members of the class aves [J]. Zoological Journal of the Linnean Society, 2010, 2(7): 130 – 136.

生态恢复与自然旅游：以新西兰大陆草根生态保护区的旅游发展为例

Ecological Restoration and Nature-based Tourism: Tourism Development at the Mainland Ecosanctuaries, New Zealand

文 / 张国杰

【摘 要】

在全球生物多样性危机愈发严重的背景之下，新西兰内陆涌现出大批致力于恢复生态平衡、保育珍稀物种，尤以稀有鸟类为主的草根生态保护区（Community-led Biodiversity Sanctuary）。为了确保生态系统恢复稳步进行，很多保护区通过发展自然旅游以获得财政收入并普及环境教育。作为以生态恢复为首要任务的新兴生态旅游景区，草根生态保护区在新西兰的发展充满了机遇与挑战。

【关键词】

自然旅游；新西兰；生态恢复、草根生态保护区、生物多样性危机

【作者简介】

张国杰 新西兰奥塔哥大学旅游研究学院博士研究生

注：本文图片除标注外均由作者提供。

1 导言

"生物多样性"（Biodiversity）通常指代地球上所有生命体、遗传基因、生态系统以及它们之间纷繁复杂的关系。由于人类对自然资源过度开发、环境污染与生态系统失衡等种种原因，当今的生物多样性在世界范围内正以前所未有的速度递减。据统计，300万年前有大约12种大象及其亚种生活在非洲大陆，而现今却仅存两种。在距今的30万年之间，大约有23%的龟鳖目物种已被确认在地球上永久消失[1]。尽管物种灭绝可被视为地球生命体在发展过程中的一般现象，大量物种的消亡与濒危已被证实和人类世（Anthropocene）存在密切的联系。因此，生物多样性危机（Biodiversity Crisis）愈发受到各国政府与地方民众的广泛关注。这种关注不再仅依附于传统的"人类中心主义"（Anthropocentrism）的基本观点，如生物多样性为人类代际造福，更加拓展到了"生物中心主义"（Biocentrism）有关非人类生物的内在价值和权利（Intrinsic value and right）与"生态中心主义"（Ecocentrism）围绕生态系统服务功能（Ecosystem service）的相关讨论。

同臭氧层破坏、全球气候变暖以及危险废物转移等环境危机并列，生物多样性危机被联合国环境规划署（United Nations Environment Programme，简称 UNEP）列入全球四大主要环境问题[2]。毋庸置疑，扭转生物多样性危机，防止生物多样性进一步缺失对全人类而言已迫在眉睫。然而，由于生物多样性危机的复杂性与不确定性，生态保育（Ecological conservation）与环境保护（Environmental Preservation）的具体策略和措施通常要因地制宜、因时制宜。以新西兰的生物多样性危机与民间团体对生态保育的踊跃参与为背景，本文旨在介绍草根生态保护区的生态恢复措施（Ecological Restoration）以及自然旅游发展概况。

2 新西兰的生物多样性危机

作为人类定居较晚的一块大陆，位于南太平洋的新西兰为世界生物多样性作出了突出的贡献。事实上，特有种（Endemism）在新西兰的动植物中占相当大的比例。大约70%在新西兰发现的陆地与淡水鸟类是世界上独一无二的，新西兰本地80%左右的维管植物以及全部两栖与爬行动物均属于特有种[3]。这些特有动植物不仅为新西兰带来了可观的经济收益，也同时融入新西兰的国家文化中。新西兰国徽与护照中出现的银叶蕨（Silver fern）、新西兰人常称自己为"Kiwis"（几维鸟或奇异鸟）、新西兰纸币上印着的各色鸟类无不很好地证实了这一点（图1）。

除了在动植物中占有相当大的比例，新西兰特有种在形态特征与生活习性方面也受到了动植物学家

图1 新西兰元纸币 　　　　　　　　　　　　　　　　　　　**图片来源：百度百科**

图2 欧洲穴兔　　　　　　　　　　　　　　　　Jason Leung/摄

图3 刷尾负鼠　　　　　　　　　　　　　　　　David Clode/摄

提供便利的初衷,至少31种哺乳类动物作为外来物种(Introduced Species)被引入新西兰。它们之中包括诸如以供狩猎为目的而引入的穴兔(European Rabbit)(图2),以发展皮毛工业为目的而引入的刷尾负鼠(Brushtail Possum)(图3)或藏在毛利人的船中而被带入的波利尼西亚鼠(Polynesian Rat)。

尽管上述物种的引入在当时被认为是理所应当的,但随着保育学与生态学的不断发展,人们很快便发现了外来物种对新西兰原始生态的多种危害。除了肉食哺乳动物对新西兰稀有鸟类轻而易举的捕食,草食哺乳动物也通过消耗本地植物资源间接地威胁珍稀动物与生态系统。在该背景下,那些对人类、原始动植物以及生态系统产生危害的外来物种被归属为入侵物种(Invasive Species)。针对愈演愈烈的生物多样性危机,新西兰保育部(Department of Conservation)于2000年发布了"生物多样性保护战略"(New Zealand Biodiversity Strategy),该战略强调入侵物种已成为对新西兰原生动植物与生态系统的最大威胁[4]。

3 生态恢复在新西兰的发展

作为恢复生态学(Restoration Ecology)的研究重点,生态恢复通常是指以人为干预的方式协助退化、受损或被破坏的生态系统进行恢复或重建的过程[5]。尽管该定义在学界尚存争议,生态恢复作为一种较新颖的保护自然的手段,已经受到了世界各国保育组织与民间团体的

与爱好者的广泛关注。以新西兰稀有鸟类为例,其中几种标志性鸟类,如几维鸟与鸮鹦鹉(Kakapo)均无法飞行且昼伏夜出。这些特征与新西兰在历史上的地理结构有着密切的关系。得益于与其他大陆的长期分离,新西兰原本不存在以其他动物为食的哺乳类动物(Mammalian Predators)。也正因如此,约1亿年前,新西兰的原始动植物是在相对孤立的环境下生存与演化的。然而,随着人类到来,这些物种很快便陷入了存亡的危机。

在毛利人(Māori)与早期欧洲殖民者定居新西兰的1000年间,原始植被被大量焚烧以供农耕畜牧,极大地扰乱了原始生境与系统的平衡。在此基础上,本着各种为人类

争相关注。就新西兰而言，恢复并维持原始生境与生态系统的健康对确保本地稀有动植物的数量增长起到了不可或缺的作用，而它同样也是扭转新西兰生物多样性危机的关键一环[6]。通常来讲，生态恢复的具体措施很大程度上取决于影响生态系统平衡的主要危害。鉴于外来物种，尤其是入侵物种对新西兰原始生态所产生的巨大威胁，在新西兰，生态恢复通常伴随着人为的控制或消灭外来有害物种与引进并培育本地稀有物种[7-8]。

事实上，新西兰的生态恢复技术在世界范围内处于领先水平，而这与新西兰保育部近年来在临海岛屿所取得的显著成绩是分不开的。除了南岛、北岛以及斯图尔特岛，新西兰拥有数量可观的近海小岛。有别于受人类影响较大的南北主岛，这些近海岛屿通常是保育研究及生态恢复的理想场所。具体来讲，这些小岛保留了大量已经在主岛被确认消亡或消失了的原生稀有动植物。在此基础上，由于这些岛屿受早期人类迁入影响较小而沿海优势又为外来物种的侵入增加了一定难度，它们在恢复新西兰原始生态、引进并培育稀有动植物方面具有得天独厚的优势。截止到1916年，外来有害哺乳动物已经在至少100个近海小岛被完全清除，为恢复原始生态平衡打下了重要基础。然而这些小岛毕竟数量有限，这势必决定了新西兰生态恢复进程的下一个重心将由沿海岛屿转为南北二岛所构成的新西兰内陆。为迎合该环境战略，新西兰政府预计投资2800万纽币并于2050年彻底清除在新西内陆危害较大的入侵物种[9]，这其中包括鼠类（Rats）、貂类（Stoats）以及负鼠（Possums）。

4 新西兰内陆的草根生态保护区

4.1 保护区的形成

一直以来，作为新西兰政府的重要组成部分，新西兰保育部承担着与稀有动植物以及生态系统保护等相关的大量工作（包括宣传工作）。然而，随着近年来递增的财政压力，新西兰保育部的基本方针也逐渐由"亲力亲为"转变为"分工合作"。譬如，新西兰保育部近来大力推行以政府和社会资本合作的模式（Public-Private Partnership，简称PPP模式）来带动保育发展。在该模式下，相关企业与民间组织为新西兰的保育事业注入了新的活力。与这种活力相呼应，草根或民间生态保护区（Community-led Biodiversity Sanctuary）犹如雨后春笋般在新西兰内陆涌现开来。

虽然新西兰的草根生态保护区彼此之间存在细微差别，它们大致拥有如下特征：第一，致力于在规定区域内消灭全部有害入侵物种；第二，引入从该区域内消失的本地动植物，尤其是那些珍稀与濒危的物种；最后，当地社区与民间组织积极地参与到了保护区的全面发展中[10]。此外，受生态恢复在临海岛屿的成功启示，不少生态保护区在园区周边搭建防护栏以模拟"孤岛效应"（off shore island effects）从而有效降低入侵物种的侵入机率并保证围栏内生态恢复工作的平稳进行。与一般的防护栏不同，很多生态区内的防护栏是根据新西兰有害入侵物种的形态特征而特别定做的，故此又称作"有害物种防护栏"（Pest-proof Fence）（图4）。尽管这种防护栏造价不菲，但它们能够明显降低多种有害物种侵入保护区的机率。目前，尚未得知草根生态保护区在新西兰内陆的具体数量，但可以推定它们保持着稳定的增长速度。同时，至少有35处围栏生态保护区（Pest-proof Fenced ecosanctuary）被证实于2017年分布在新西兰的南北二岛[11]。

4.2 保护区内的游客体验

以民间组织或社区团体为依托，草根生态保护区致力于恢复或重建特定的新西兰原生生态系统而并非为利益相关者谋取经济收益。正因如此，不同于私营或公营企业，草根生态保护区是一种社区企业（Community Enterprise）。通过利用商业运营模式，草根生态保护区以确保新西兰特定生态系统恢复的平稳进行为其社会目的。然而，财务生存能力（Financial Viability）是社会企业（包括社区企业）实现社会目的的必要助力。就草根生态保护区来说，生态恢复、社区互动、财政支持与政府协助是其实现其可持续发展（Sustainable Development）不可或缺的重要因素[12]。因此，对于不少新西兰草根保护区来说，发展自然旅游可谓是确保财政收入、普及保育教育的"一石二鸟"之策[13]。

尽管游客体验在草根生态保护区内不尽相同，总的来讲，它们试图为游客创造体验新西兰原生生态系统与珍稀动植物的宝贵机会。例如，作为新西兰内陆最早对游客开放的围栏生态保护区，位于首都惠灵顿的西兰蒂亚生态保护区（Zealandia）着力于用500年的时间恢复惠灵顿山谷内原生淡水与森林生态系统的平衡。目前，该保护区已成功引入18种本地原生动物，而其中6种已在新西兰内陆消失了近100年。事实上，鉴于某些生态保护区的选址与城市接近而内部稀有动物又多以鸟类为主，这些保护区不仅充当了整个城市的"绿色之肺"，同时也为所在城市的旅游形象作出了全面的贡献。出于研究需要，笔者于2018年在惠灵顿短暂停留。即使不进入位于市中心的西兰蒂亚生态保护区，笔者同样有幸在生态区外与成群结队的新西兰卡卡鹦鹉（New Zealand Kaka）进行互动。不可否认，惠灵顿在大量本地稀有鸟类的衬托下显得更加真切美丽，而这其中有很多鸟类在西兰蒂亚建立以前曾一度于惠灵顿销声匿迹。

为确保游客对生态区的故事有所了解，传达生物多样性危机与新西兰在生态恢复方面所做的努力，旅游发展较完善的生态区会在游客入园前为其提供必要信息讲解。在西兰蒂亚生态区，游客入园前可以去特别设立的展览馆进行参观。在馆内，游客不仅可以通过互动展板来知晓在新西兰已经消失了的稀有动植物，更可以通过观看大荧幕上播放的专题片来了解早期移民如何对现今新西兰的生物多样性危机产生了深远影响。对于参观围栏保护区的游客，如奥罗科努依围栏生态保护区（Orokonui Ecosanctuary），鉴于游客有携带有害入侵物种进入保护区的可能，入园前需要接受例行的随身行李检查（图5）。不少保护区会有专属的明星动植物（Flagship Species），在普卡哈布鲁斯山国家野生动物中心（Pukaha Mount Bruce National Wildlife Centre），游客有机会在模拟黑夜的人工生态环境内参观新西兰唯一一只白色几维鸟"Manukura"（毛利语，女性酋长）。

图4 奥罗科努依围栏生态保护区的有害物种防护栏

4.3 旅游发展在保护区的机遇与挑战

值得注意的是,并非所有草根生态保护区均涉及旅游发展。即使是已经发展自然旅游的生态区,其旅游发展的方针及力度也是各有不同的。总体来讲,草根生态保护区的旅游发展仍处于萌芽阶段。这点可以从草根生态区的游客数量、游客市场以及服务中心等方面略窥一二。从游客数量来看,发展旅游最早的西兰蒂亚生态保护区在2017年接待了约12万名国内与国际游客[14]。然而该数量在很大程度上得益于西兰蒂亚所拥有的地缘优势和在旅游宣传方面的较大投入。与西兰蒂亚相比,处于但尼丁(Dunedin)市郊,发展旅游时间较短且投入较低的奥罗科努依围栏生态保护区(Orokonui Ecosanctuary)同年只接待了约2万名国内与国际游客。即便如此,奥罗科努依生态保护区在整体草根生态保护区的旅游发展上仍然名列前茅。

在游客市场方面,新西兰国内游客仍然处于主导地位。事实上,为了吸引国内游客,很多保护区纷纷推行门票的会员年费制。然而对于发展旅游最久的西兰蒂亚来讲,如何更好地拓展国际游客市场,为海外游客营造难忘体验已逐渐成为今后发展的要务之一。由于当前有关草根生态区内旅游发展的文献甚少,生态区内的游客数量与行为特征等重要信息尚待更多实证研究去探明。然而对于那些探访远离中心城市、处于偏远地区的生态区的游客来讲,他们当中很多人已经展现了生态旅游者(ecotourist)的一些基本特征。基于笔者在不同生态区内的多次观

图5 奥罗科努依围栏生态保护区入园提示

察,这些游客通常穿着适于野外活动的服装。此外,很多游客都随身携带了专业的观鸟用具,如望远镜和观鸟手册等。在游客与导游的互动中也不难发现他们当中很多人都已具备了丰富的生境与动物常识。

目前,只有为数不多的生态保护区建立了游客服务中心并提供内容不同的导游讲解项目。尽管导游讲解对游客在自然景区,尤其是生态旅游景区内的整体体验起着至关重要的作用,多数生态保护区在导游讲解及观光手册方面尚未支持多语种服务。此外,鉴于新西兰

的标志性鸟类诸如几维鸟与鸮鹦鹉都属于夜行性动物(Nocturnal Animals),与之相关的导游项目一般在黄昏时分才正式开始。类似地,为了保持生态区内各种野生动物的自然习性,很多导游讲解项目都具有特定的应时与应季性。这样的野生动物保护措施给景区内的自然旅游发展与游客的利益带来了不可避免的挑战。

最后,由于生态保育是草根生态保护区建立的根本目的,而保护区内珍稀动物多以鸟类为主,游客进入园区后是否见到珍稀动物,见

图6 新西兰南秧鸡展示板

到哪种珍稀动植物都是无法确保和预见的。造成这种情况的原因很大程度上与生态区以"生态中心主义"为方针的野生动物保护措施相关。不同于"人类中心主义"或"生物中心主义"对于人类或个别动物相关利益与权力的关注,"生态中心主义"更加重视生态系统的完整、稳定与繁荣。因此,不过度干预生态系统的自然发展便成了以"生态中心主义"为基调的野生动物保护措施的一个基本特征。以奥罗科努依围栏生态保护区为例,近来,该保护区内两只南秧鸡(Takahe)幼崽由于暴雨而不幸死亡。作为世界濒危物种之一,南秧鸡在全球仅存300只左右(图6)。奥罗科努依围栏生态保护区内的工作人员本可以通过人为干预的方式来挽救这两只南秧鸡幼崽,然而其官方脸书(Facebook)却认为这样的干预会直接影响两只幼崽的生存能力并在长远上打乱生态系统的自然平衡。即便如此,这样的保护策略势必影响那些为了观赏南秧鸡而专程来保护区的游客的利益。鉴于此,由生态恢复与自然旅游所带来的双向机遇与挑战亟待草根生态保护区在未来的发展道路上去探索并应对。

5 结论

扭转全球生物多样性危机事关全人类与生态群落中其他成员的根本利益。在新西兰,生物多样性危机很大程度上与入侵物种所产生的危害紧密相连。如何有效应对入侵物种,恢复原始生境与稀有动植物已逐渐成为广大新西兰人所关注的焦点之一。作为扭转新西兰生物多样性危机的关键手段,生态恢复不再仅仅是相关保育组织的专有名词,而是渐渐与新西兰的各行各业产生交集。在该背景之下,自然旅游,尤其是野生动物旅游与生态恢复在新西兰的推行以及相关的环境教育存在着千丝万缕的关系。

草根生态保护区的出现反映出民间组织与社区团体对新西兰生态恢复的鼎力支持。尽管发展旅游已成为诸多保护区为确保生态恢复平稳进行所采取的必要手段,如何打造与生态恢复相关的游客体验,传达"生态中心主义"的基本理念已为其未来的发展增添了机遇与挑战。鉴于旅游发展在草根生态保护区尚处于起步阶段,如何确保旅游与生态恢复的并行不悖、稳步推进需要更多的相关研究指明方向。在这些研究中,实证研究将会为今后草根生态保护区的旅游发展带来更多有益的启示。

参考文献

[1] Johnson C. N., Balmford A., Brook B. W., et al. Biodiversity losses and conservation responses in the Anthropocene[J]. Science, 2017, 356(6335): 270.

[2] 陈炳浩. 世界生物多样性面临危机及其保护的重要性[J]. 世界林业研究, 1993, (04): 1-6.

[3] Meister A., Beechey N. Decentralized, Outcome Oriented Management of Agricultural Environmental Issues in New Zealand[M]. The Economics of Regulation in Agriculture: Compliance with Public and Private Standards, MA: CABI, 2012: 79-96.

[4] Department of Conservation. New Zealand Biodiversity Strategy 2000-2020. Wellington, NZ: Department of Conservation, 2000.

[5] Society for Ecological Restoration Science & Policy Working Group. The SER Primer on Ecological Restoration, 2002.

[6] Soule[4].

[7] Atkinson I. A. E. Introduced mammals and models for restoration[J]. Biological Conservation, 2001, 99(1): 81-96.

[8] Fowler S. V., Withers T. M. Biological Control: Reducing the Impact of Invasive Weeds and Pests, or just Another Source of Alien Invaders?[M]. Biological Invasions in New Zealand, Berlin: Springer Verlag, 2006: 355-369.

[9] Towns D. R., West C. J., Broome K. G. Purposes, outcomes and challenges of eradicating invasive mammals from New Zealand islands: An historical perspective[J]. Wildlife Research, 2013, 40(2): 94-107.

[10] Sanctuaries of New Zealand[EB/OL]. http://www.sanctuariesnz.org/.

[11] Zhang G., Higham J. E. S., Albrecht J. N. (Re)creating natural heritage in New Zealand: Biodiversity conservation and tourism development[J]. Creating Heritage for Tourism, Oxon: Routledge, 2019: 243-257.

[12] Hunt D, Campbellhunt C. Ecosanctuaries: communities building a future for New Zealand's threatened ecologies[M]. Dunedin, NZ: Otago University Press, 2013.

[13] Campbellhunt D. M. Ecotourism and sustainability in community-driven ecological restoration: case studies from New Zealand[C]. Tourism as a Challenge, Southampton, UK: WIT Press, 2014: 13-22.

[14] Karori Sanctuary Trust. ZEALANDIA 2016/17 Annual Report[R]. 2017.

基于动物友好和人类友好的场景构建研究：
以成都"熊猫之都"总体策划和概念性规划为例

Research on Scenes Constructing Based on Animal-friendly and Human-friendly Theories : A Case Study on the Overall Positioning and Conceptual Masterplan of the Land of Giant Pandas, Chengdu

文 / 石 莹　王焱宁　王 欣　郑 科　王怡晨

【摘 要】

熊猫是成都的名片，也是可以代表中国的符号，本研究探讨熊猫的丰富意义，从"人与熊猫"关系友好的理念出发，叠加场景构建的创新方法，在成都创造了一场人与熊猫从"相遇"到"尊重"、再到"绽放"的奇妙旅程。在策划及空间规划上，围绕情境序列、承载空间、主题功能、互动活动、技术支撑五大场景要素，自上而下地构建了一系列动物友好、人类友好的共生场景，以期给游客带来更多有意义的思考，也以人与自然关系的场景创建，助力成都向成为人与熊猫友好关系的世界都市迈进。

【关键词】

熊猫之都；场景构建；关系哲学；生命共同体；动物友好

【作者简介】

石　莹　上海天华城市规划设计有限公司产业研究中心副主任

王焱宁　上海天华城市规划设计有限公司规划师

王　欣　上海天华城市规划设计有限公司产业研究中心主任，注册城乡规划师

郑　科　上海天华城市规划设计有限公司总规划师，注册城乡规划师

王怡晨　上海天华城市规划设计有限公司规划副总监

注：本文图片均由作者提供。

1 友好理念

习近平总书记于十九大报告中提出"人与自然是生命共同体"[1]。人与自然理应和谐共生。近年来,成都公园城市、"山水林田湖城"生命共同体的建设深远影响着成都,是成都市对人与自然和谐共生理念的实践。"熊猫之都"的总体规划,秉承深刻理解人类生命共同体的理念,打造人与熊猫和谐共生的场景,以期将成都打造成为动物友好和人类友好的和谐城市。

1.1 关系哲学

20世纪著名的哲学家马丁·布伯(Martin Buber)从关系的角度理解世界的存在。他认为"这世界的本体,不是宇宙万物之你,也不是我,而是我和你,在这世界之中的关系。"[2]"我与你"的关系是最美好的,"我"没有失掉我的主体性,"你"也没有失掉你的主体性,"你"不是"我"实现目标的工具和对象。这其中,"你"可以是人类,也可能是生灵万物。关系哲学从哲学层面探讨了世界存在的平等属性和友好特征,对现代思想产生了巨大影响,并已深入社会各门学科。

1.2 非人类中心的环境伦理观

非人类中心论在帮助人们理解人与自然的关系中,具有深刻的哲学指导意义。其核心价值是对人类中心主义价值观的否定与反思[3]。非人类中心论存在多种流派,其中包括以汤姆·雷根(Tom Regan)为代表的动物中心论,以保罗·泰勒(Paul Taylor)为代表的生物中心论,以奥尔多·利奥波德(Aldo Leopold)为代表的将人类与生态作为命运共同体的生态中心论[4]。非人类中心主义价值观从生态系统的整体性出发,将人与自然作为一个整体,重视所有生命与非生命物质之间的生态关系[5]。

20世纪70年代,由英国生态学家詹姆斯·洛夫洛克(James. E. Lovelock)和美国微生物学家林恩·马古利斯(Lynn Margulis)共同发布的"盖亚假说"就是对非人类中心主义整体性的进一步诠释[6]。"盖亚假说"认为,地球是一个自我调节的生命有机体,地球上的生命体与自然环境相互共同作用,使地球保持着使生命继续生存的适度平衡状态[7]。"盖亚假说"旨在强调,人类与被人类所忽视的其他生物、非生物共同组成了的生生不息的地球家园。因此,人类,特别是规划设计师需要思考如何在同一个空间下满足人类与其他生物的需求,创造人与自然生命共同体。

1.3 多视角理解人与熊猫的关系

一般人所理解的熊猫,是生物个体。从生态意义上来讲,它是近乎完美的旗舰种、伞护种。从科学意义而言,它是全世界公认的自然遗产和行走的活化石[8];而生物个体层面之上,熊猫又具有文化象征。它是文化产业的IP形象、成都的城市名片、中国最佳外交形象,是海外最具辨识度的中国文化符号。

当从非人类中心的生命共同体角度平等理解熊猫时,会发现"熊猫"一词不仅具有"生物""文化"含义,也有"关系"含义。上百万年的历史长河,我们与熊猫从远古共同走来,它历经人类的猎杀、家园的破坏,到如今的被人类保护、栖息地修复。我们与它,从曾经的敌对关系,发展成现今的情感相依、共生共栖。从关系哲学的角度,人最终拯救了熊猫,而熊猫当下的情境也反映人类对自己的善待,熊猫也影响了人(图1)。

图1 人类与熊猫关系的多视角理解

因此，本研究期望基于人类与熊猫的关系、人类与自然的关系开展深层次探讨，以友好理念，打造一个意义深远的"世界熊猫之都"，在成都生命共同体的理念下，构建一个自然和谐友好的城市（图2）。

本研究从友好理念出发，构建动物友好、人类友好的城市系统。项目设计之初，对中科院动物研究所的专家进行了深入访谈，面向以熊猫为主的动物，从动物福祉角度考虑，最大限度还原熊猫及其伴生动物的原生生境，展示动物的自然行为（图3）。充分考虑大熊猫生理习性和行为偏好，在生理、环境、卫生、行为等方面致力于在有限空间范围内最大化实现大熊猫科学繁育、保护和有限的利用（表1）。

在"人类友好"层面，人类游览动物园的首要目的是科普教育和旅游休闲[9]。项目希望在了解游客需求的基础上，丰富体验内容，落实空间组织，为游客创造良好的游览环境（图4）。

体验内容的丰富度将从观察动物方式和科普活动方式两方面考虑。其中，观察熊猫的方式方面，在充分尊重熊猫、使其不被打扰的前提下，构建不同视线角度、全感官体验的人与熊猫的互动界面。科普活动方式方面，从与熊猫的互动、与人的互动、与科技的互动三方面入手，创造沉浸式活动场景，引领游客了解大熊猫的前世今生以及思考人与熊猫、人与动物的深刻关系。空间组织上，将围绕游客参观需求，考虑游览的便利性和舒适性，规划布局旅游服务设施与游览动线。为减少对动物的干扰和对游客的视线隔离，大熊猫园采用大环线

图2 成都友好城市构建

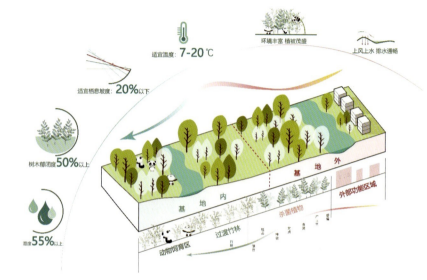

图3 大熊猫生境营造

套小环线的模式，每个大分区独立形成封闭环线让游客方便进入及参观。游客规模是设施量的把控依据，以国家AAAAA级景区为标准，统筹布局旅游购物环境卫生等服务设施。在达到旅游设施服务半径的基础上，在每个主题分区集中配套旅游服务设施，以分流游客的参观、休憩、餐饮、购物需求（图5）。

2 场景要素

2.1 场景构建理论

"场景化"正被运用到越来越多的专业领域。场景从单纯的"场所"构建迈入审美的"景观"营造，再到意义感的传播，对城市规划、旅游规划来说都是一种新的创新实践。

场景一词来源于电影专业术语"scenes"，指包括对白、场地和演员等要素在内的元素构成。场景的构建，可以传递给观众信息和感觉[10]。将该术语引入进城市空间研究中的丹尼尔·亚伦·西尔（Daniel Aaron Silver）提出了"城市场景理论"。他从美学的维度探讨城市的意义，涉及消费、体验、符号、价值观与生活方式等文化意涵。具体而言，场景由舒适物（Amenities）设施与活动组合

表1 基于熊猫友好的场所设计

动物福祉特征维度	大熊猫生理习性和行为偏好	针对熊猫的动物友好设计
生理习性	食物：不同山系的大熊猫主食不同竹类，偏好新笋及幼竹为主食，胡萝卜苹果为辅食[11] 水源：自然生态下大熊猫居住地靠近山谷溪流	通过丰容装置，还原自然生态下熊猫的多种取食方式；景观上，根据地形引入谷地溪流，水源确保卫生可食用
生境偏好	大熊猫适宜生活环境[12]： 植被：竹类丰茂，树木郁闭度50%以上 气温：温度7～20℃之间，湿度55%以上 地形：坡度20°以下的坳沟、山腹洼地及河谷缓坡	动物馆舍选址上风上水，空气流通，排水通畅，选择适合熊猫生活的环境；动物馆舍有足够大的室内隐蔽空间及室外活动空间，参考《动物园设计规范》CJJ 267-2017及《熊猫借展规范》LY/T 2769-2016
卫生条件	通过预防和及时治疗保证大熊猫的健康	动物馆舍设计保证将动物受到伤害的可能性降到最低；设立动物医院、动物检验检疫设施，选址与动物馆舍隔离3km以上。
行为特征	野外大熊猫平均每天57%～60%的时间用于活动，主要用于觅食和游荡；大熊猫善于爬树、漫游、热爱嬉戏；繁育期的大熊猫会展现气味标记、求爱、争斗、育幼等自然行为[13]	动物馆舍空间应尽量大，考虑利用向阳坡，利于熊猫日常活动；设置多种丰容设施，并定期更换[14]，尽量避免与减少熊猫刻板行为；设计室外活动区可按需连通或分离的动物馆舍，满足熊猫繁育期气味交换的需求
行为偏好	自然状态下，熊猫习惯位于高处，且回避人类活动；在野外，除交配期外，成年、老年熊猫习惯独居，而亚成体、幼体可以混居	变换多种观赏方式，利用植被遮挡，允许熊猫躲避游客视线，减少俯视视角参观，减少熊猫心理压力；根据不同年龄段熊猫习性，采取独养或群居模式

构成。这些组合蕴藏着功能，也传递着文化价值与生活方式[15]。

在旅游规划领域，国内旅游专家谢春山认为场景是同时涵盖了基于空间的"硬要素"和基于行为与心理的"软要素"而构成的复合场景。可以理解成由客观的场所、景物、空间、氛围和主观的认知、情感、审美等共同组合而形成的一种情景[16]。它为游客提供一种可触摸、可体验的游览方式，使游客获得一种仿佛置身其中的美好体验。

2.2 场景构成要素

在理解了场景的意义，以及在运用城市场景理论、旅游场景理论后，期望通过场景构建，把更具故事性、画面感，以及传播意义的思维方式切入场地规划中（图6）。所以，场景构建将"硬要素"与"软要素"叠加之后，归纳为情景序列、主题功能、

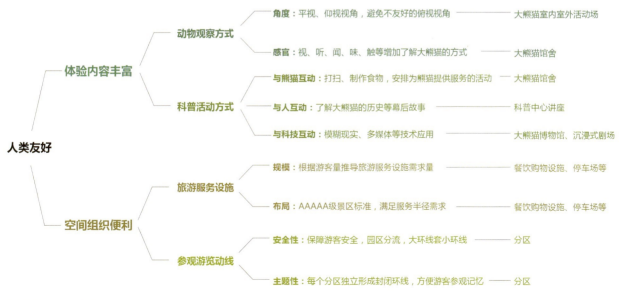

图4 人类友好体系构建

承载空间、互动活动、技术支撑5个要素。

（1）情境序列：进行剧本性的旅游策划，以故事线带动空间规划，创作一个一个类似分镜头的独立空间，并在具体空间中将这些情境序列有机串联起来，起承转合地进行空间主题规划。

（2）主题功能：不同主题场景，侧重不同的功能导向。

（3）承载空间：在场景空间营造上，运用景观设计方法，从动线设计、建筑风格、自然景观等各方面模拟真实场景，使游客获得一种身临其境的真实感。

（4）互动活动：设计主题性活动，将故事感融入项目活动，增强活动整体氛围，减少游客的陌生感，提高旅游体验质量。

（5）技术支撑：叠加科学技术手段，使之成为整个场景构建的底层技术支撑和保障。

"熊猫之都"策划规划项目，将紧密结合5个场景构成要素，打造完整、有序的场景，以更具人文艺术的高度规划这座动物友好、人类友好的"熊猫之都"，也使游客更切实地思考人与熊猫的关系、理解人和自然的关系，使旅游过程更具意义。

3 场景构建

项目希望通过探讨人类与熊猫的关系、人类与自然的关系，打造一个具有深远意义的"世界熊猫之都"。在人类与大熊猫、自然万物之间，实现从"相遇"走向"尊重"再到"绽放"的场景序列，谱写人类与熊猫和谐相处的新未来（图7）。

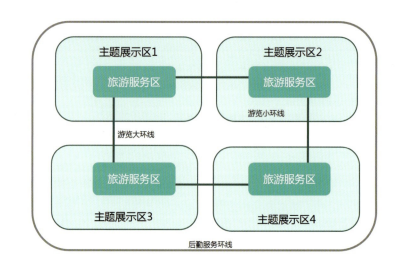

图5 大熊猫园空间组织模式

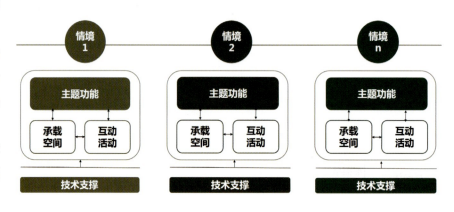

图6 场景构成要素图

图7 "熊猫之都"场景序列

项目包含了分布在成都不同区域的3个片区，共计69km²。位于中心城区的北湖片区以"相遇"为主题，打造世界级熊猫保护示范地和熊猫文化策源地；位于成都西北的都江堰片区以"尊重"为主题，打

表2 "熊猫之都"场景构建

情境序列	相遇	
主题功能	世界级熊猫保护示范地和熊猫文化策源地	
承载空间	大熊猫繁育研究基地	熊猫小镇
互动活动	大熊猫视、声、闻、味、触五感,打造全方位创意体验	熊猫镇长主题人物带领游客展开欢乐之旅
技术支撑	面向动物友好的原生环境营造	
情境序列	尊重	
主题功能	世界级生态教育示范基地与旅游目的地	
承载空间	野放中心	梦栖度假村
互动活动	从熊猫视角看场馆、看动物、看游客	与山林共栖,自然探索之旅
技术支撑	绿色建筑,节能设备及绿色材料	
情境序列	绽放	
主题功能	面想未来的人与动物友好天地	
承载空间	平行动物园	主题公园
互动活动	熊猫与游客共享同一空间,共餐共嬉共栖	与熊猫一起进行从史前到未来的探索体验
技术支撑	模糊现实技术、人工智能、大数据、5G通信等科技支撑	

造世界级生态教育示范基地和旅游目的地;地处东南的龙泉山片区以"绽放"为主题,打造面向未来的人与动物友好天地(表2)。

3.1 北湖片区——相遇

主题功能:北湖片区,位于成都市中心区,占地35km²,是成都最受欢迎的旅游区,很多人在这里第一次看到熊猫。项目希望以片区进行功能拓展和空间营造,实现人与大熊猫的美好相遇。这里有充分体现动物友好和人类友好的大熊猫繁育研究基地以及熊猫镇长为主题人物的旅游休闲熊猫小镇。以此,共同助力北湖片区成为世界级熊猫保护地和熊猫文化策源地(图8)。

大熊猫繁育研究基地——承载空间:大熊猫繁育研究基地在场馆建设和环境打造上,面向熊猫友好视角,充分考虑到空间、结构等问题,如可视障碍、垂直高差、地形、植被等,并对微气候条件如温度、湿度、光照等条件统筹考虑,使之最大化还原大熊猫原生环境,展示动物们的自然行为。叠加人类友好诉求,满足游客对熊猫更多的感知和认知需求,配套科普教育设施和旅游服务设施,进行园区功能划分及游线设置,打造中国最友好的动物基地、人类与动物美好时光共享地(图9)。

大熊猫繁育研究基地——互动活动:在"动物友好"层面,规划多以平视及仰视视角打造和熊猫平等的视线关系。新设计的场馆内不仅还原了大熊猫栖息地的环境,还能使大熊猫躲避游客的视线,避免给它们带来

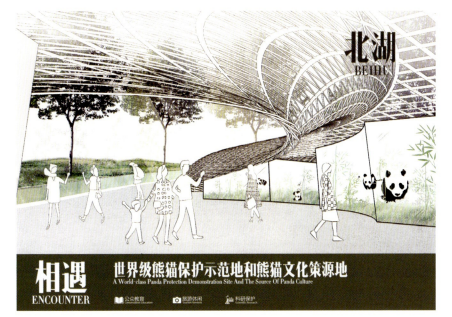

图8 北湖片区"相遇"场景

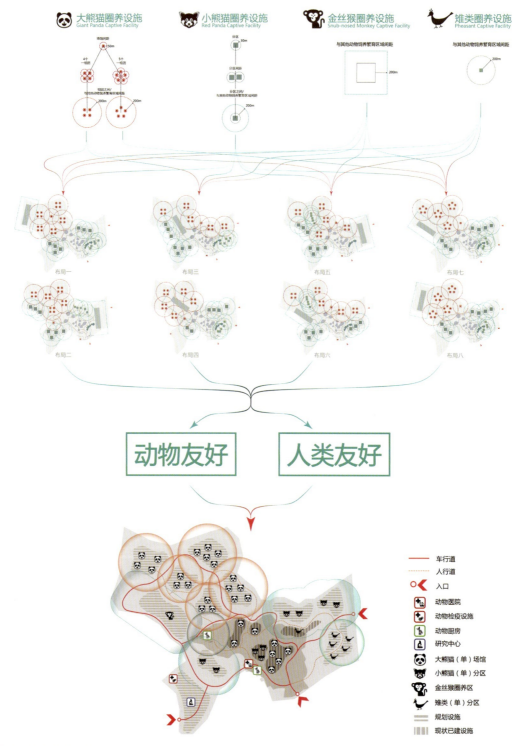

图9 大熊猫繁育研究基地空间营造

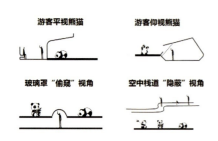

图10 大熊猫特色场馆模式

图11 大熊猫繁育研究基地活动场景

表3 大熊猫五感活动策划

特色	活动内容	备注	设备
视	大熊猫近视眼看世界	大熊猫有400度近视,它们看到的世界是模糊的	眼镜
听	聆听熊猫的叫声	大熊猫是会发出叫声的,心情不同叫声也不同	耳机
闻	闻一闻熊猫便便的气味	大熊猫的便便带有竹叶的清香	熊猫便便
味	辨别大熊猫喜爱的竹子	大熊猫最爱的竹子是具有特征可循的	竹
触	与熊猫"真实"拥抱	不同年龄阶段的熊猫体型不一	仿真熊猫公仔

压力。同时,游客也可以观察到大熊猫的自然行为(图10、图11)。

为使游客更好地了解大熊猫的秘密,在与中科院动物所专家探讨了熊猫的生命特征后,规划于场馆内增加大熊猫视、声、闻、味、触体验设备,打造全方位创意体验,让游客从感官层面了解大熊猫的生活习性(表3)。

熊猫小镇——承载空间:公众教育区、商业休闲区、文创产业区、度假酒店区共同保障游客的休闲旅游及度假需求,并叠加成都特色元素,如太极符号、林盘地貌等,带给游客真切地感受成都。

熊猫小镇——互动活动:创造了熊猫镇长拟人化主题人物,熊猫镇长带领游客一起开启一场欢乐的熊猫小镇之旅(图12、图13)。

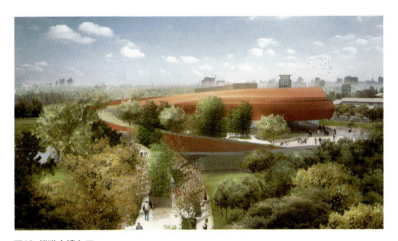

图12 熊猫小镇入口

图13 熊猫小镇产品落位图

图14 都江堰片区"尊重"场景

图15 野放中心栖息地生境模拟

图16 野放中心活动场景

技术支撑：北湖片区，以人类友好和动物友好为原则，迭代大熊猫、地形、日照等标准要求，进行生境模拟，为大熊猫及其伴生动物创造更自然的生活环境，为游客带来更多元的感知活动。以此，打造人与熊猫相遇的第一站。

3.2 都江堰片区——尊重

主题功能：都江堰片区位于青城山—都江堰之间，结合该片区的自然环境，项目期望创造一种尊重的态度，与熊猫平等对话，将人的行为隐匿在自然中，实现野化放归、自然教育、自然体验等功能，以此打造世界级生态教育示范基地与旅游目的地。设计主要构建了两大承载空间：大熊猫野放中心——给予熊猫自然生活空间充分的尊重；梦栖度假村——满足人类望远离闹市、隐于山野之间放松心灵的需求（图14）。

野放中心——承载空间：野放中心改扩建的规划，在"动物友好"层面，通过多次与中科院动物所专家探讨大熊猫野化放归的环境、地形、日照等标准要求，多次进行布局迭代尝试，最终确定为动物友好型的野放中心改扩建模式，为大熊猫及其伴生动物创造更自然的生活环境。根据场地内居住动物的不同习性，设计模拟了这些动物在野外自然栖息地的环境，为它们提供更为适宜的微生境（图15）。在馆舍设计上，同样充分尊重鼓励动物的自然行为。

野放中心——互动活动：为游客特意设计了从熊猫视角看馆舍和游客，游客更像是"关"在笼子里的人，主客体转化，人在看熊猫，熊猫也在看游客，彼此间对望凝视，也是人与动物的交流（图16）。

图17 梦栖度假村

图18 梦栖度假村活动场景

图19 龙泉山片区"绽放"场景

梦栖度假村——承载空间：面向游客视角，规划在尊重自然的同时，也满足了人与自然交流的需求。利用老宅更新，设计了消隐于自然中的度假居所——梦栖度假村（图17、图18）。

梦栖度假村——互动活动：毗邻野放中心，打造与动物为伴、与山林共栖的度假酒店。梦栖度假村将为游客提供亲近熊猫及其伴生动物的特殊活动体验。

技术支撑：在技术支撑上，都江堰片区也体现了尊重自然的原则。建筑设计引入LEED铂金认证，国家绿色建筑三星及WELL标识等绿色建筑理念，从室内到室外，从通风到采光，广泛采用绿化覆盖、节能设备及绿色材料，实现未来都江堰可持续发展。

3.3 龙泉山片区——绽放

主题功能：龙泉山片区位于成都东部，毗邻天府国际机场。将是成都永续发展的新空间。项目希望在这里创造具有未来感的人与动物的共享空间，打造人与自然美好绽放、面向未来的人与动物友好天地（图19）。

平行动物园——承载空间：畅想未来，更进一步地实现动物友好与人类友好，熊猫平行动物园着重体现人与动物之间的"平等"关系。在空间上，以风车状的环线串联场地各主题园，"风车"内为人类活动的区域，"风车"外为熊猫及其他动物活动的区域。游客与熊猫一路之隔却又相互交融。同时，于各主题园内集中布局旅游服务设施，满足游客服务游览及科普教育需求（图20）。

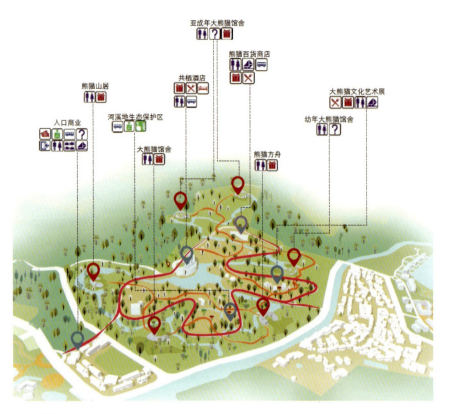

图 20 平行动物园空间组织

平行动物园——互动活动："平行"而平等地共同享受同一空间。游客游走园内，可与熊猫"共进晚餐"，共栖夜眠，共嬉共赏美好天地（图21、图22）。

主题公园——承载空间：规划希望展现熊猫主题的自然科幻之旅场景。在空间上构建了地球、太空、海洋三大类场景，将游乐设施融入其中，让游客在"熊猫导游"的陪伴下、在时间的序列中探索自然奥秘。

主题公园——互动活动：通过结合DISH、VR、5D互动等技术，丰富体验活动，创造沉浸式体验场所。创造人与熊猫从史前到未来、从地球到太空的震撼体验，共建属于"我与熊猫"的未来"绽放"欢乐园。

技术支撑：龙泉山片区，以虚拟现实、增强现实、混合现实等光影成像互动技术实现互动活动的虚拟化体验。并以大数据、人工智能、5G通信技术作为和未来的连接支撑。

4 结语与展望

人与自然是生命共同体，人与自然和谐共生的关系是我们共同追求的目标。本研究以人和熊猫的关系为破题点，为熊猫生活环境丰容，为人类扩展感知体验。叠加场景构建的创造方法，在成都创造了一场人与熊猫从"相遇"到"尊重"再到"绽放"的场景序列。

北湖片区——相遇主题场景，人与熊猫的初见，是温暖、有趣的相见。将被打造成世界级熊猫保护示范地和熊猫文化策源地。都江堰片区——尊重主题场景，人与熊猫的平等，将以对自然环境的尊重为基础，将其打造成世界级生态教育示范基地与旅游目的地。龙泉山片区——绽放主题场景，面向未来，是人与熊猫共生共栖的未来畅想，将被打造成面向未来的人与动物友好天地。在3个片区的策划及空间规划上，围绕情境序列、承载空间、主题功能、互动活动、技术支五大场景要素，构建了一系列人与动物和谐友好的共生场景，谱写了人类与熊猫和谐相处的蓝图。

回到友好主题，项目组发现在实际的规划设计中，基于动物友好与人类友好本身存在着天然冲突，规划设计这项工作和熊猫之都国际咨询这个项目本身就是从人类视角出发的，场地位于城市中心区，受限于用地规模控制和建设强度管制是项目必须承认的前提。项目组在规划设计过程中选择友好的指导理念、强调平等的关系哲学作为总体策划构思的来源，选择非人类中心论作为看待项目的环境伦理观，选择场景理论作为空间规划设计内容的综合阐述方式，以及选择在有限的空间最大化实现对动物友好的具体设计作为一系列议题的出发点。面对熊猫友好与人类友好的冲突，3个片区的规划中，都有面向熊猫友好的动物园设计，亦有面向人类友好的承载空间。规划设设计工作是一门遗憾的艺术，项目可以看作对动物友好议题的一次有益探索，也留下很多未能深入研究的遗憾。期望在包括本项目在内的下一轮深化设计等更多的规划设计实践中，看到更有智慧的解决思路和规划设计方法。

图21 平行动物园——共栖餐厅场景　　　图22 主题公园——史前世界场景

致谢

本文基于上海天华城市规划设计有限公司、英国查普门泰勒有限公司联合体共同完成的《熊猫之都总体策划及概念性规划国际咨询》国际竞标项目完成，文中图片皆由项目组绘制并授权。该联合体在国际竞标中获得优胜入选，并取得项目最大标段——成都大熊猫繁育研究基地所在"北湖片区"的深化设计权。感谢项目组成员郑科、王欣、王怡晨、石莹、黄麟舒、马紫蕊、曾梅、乐伟、李萌、翁李明、王焱宁、柴军峰、杨琼、于锴、卢梦君、蔡炜、朱文桐、陈宁、庞妍、XU DUO、王浩铭、杜金洋、吕冲、刘少伟、王浩、黄伊炜、荐兴强、吴溢凡、梁奕冉等。

参考文献

[1] 习近平. 决胜全面建成小康社会夺取新时代中国特色社会主义伟大胜利——在中国共产党第十九次全国代表大会上的报告[M]. 人民出版社: 上海, 2017, 58 – 60.

[2] Buber M. I AND THOU[M]. Free Press, New York, 1971.

[3] 李秀艳. 非人类中心主义价值观与非人类中心主义理论流派辨析[J]. 社会科学论坛, 2005(09): 4 – 6.

[4] 曹明德. 从人类中心主义到生态中心主义伦理观的转变——兼论道德共同体范围的扩展[J]. 中国人民大学学报, 2002(03): 41 – 46.

[5] 落瀚卿. 人类中心主义与非人类中心主义的生态文明观探析[J]. 绿色科技, 2018(10): 275 – 276.

[6] Lovelock J E, Margulis L. Atmospheric homeostasis by and for the biosphere: the Gaia hypothesis[J]. Tell us, 1974, 26(1 – 2): 2 – 10.

[7] 薛勇民, 谢建华. 盖亚假说的生态哲学阐释[J]. 科学技术哲学研究, 2016, 33(04): 101 – 107.

[8] 张志和. 大熊猫文化价值初探[J]. 看熊猫, 2019, (4), 26 – 29.

[9] 李志华, 陈哲华. 城市动物园规划设计三元论——以广州动物园为例[J]. 广东园林, 2017, 39(3): 23 – 28.

[10] 姚狄化. "场景化"与散文教学[J]. 安庆师范学院学报(社会科学版), 2001(2): 111 – 113.

[11] 魏辅文, 张泽钧, 胡锦矗. 野生大熊猫生态学研究进展与前瞻[J]. 兽类学报, 2011, 31(04): 412 – 421.

[12] 胡锦矗. 大熊猫研究[M]. 上海: 上海科技教育出版社, 2001: 63 – 88.

[13] 张志和, 魏辅文. 大熊猫迁地保护理论与实践[M]. 北京: 科学出版社, 2006: 151 – 184.

[14] 张恩权, 李晓阳. 图解动物园设计[M]. 北京: 中国建筑工业出版社, 2014.

[15] SILVER D, NICHOLS T. Scenes Capes: How Qualities of Place Shape Social life[M]. Chicago and London: The University of Chicago Press, 2016.

[16] 谢春山, 钟华美. 试论旅游活动中的场景化真实[J]. 旅游论坛, 2018(11): 1 – 5.

美国黄石国家公园的麋鹿

国家公园与野生动物旅游：保护、开发与管理

Wildlife Tourism in National Parks: Conservation, Exploitation and Management

吴昱芳　钟林生　王灵恩　生态文明背景下国家公园体制试点建设问题与对策：以三江源为例

郑雅馨　国家公园野生动物旅游产品开发与管理研究：以美国黄石公园为例

徐琳琳　丛　丽　VAMP框架在国外国家公园管理中的应用及经验启示

生态文明背景下国家公园体制试点建设问题与对策：以三江源为例

Piloting National Parks in China: Case Study of Sanjiangyuan National Park

文/吴昱芳 钟林生 王灵恩

【摘 要】

生态文明建设是我国新时代转型发展的战略指引，以国家公园体制试点为代表的保护地体系管理创新成为现阶段统筹自然资源管理利用、践行生态文明理念的重要抓手。本文基于实地调研，利用归纳总结的方法，在分析国家公园体制试点背景的基础上，探讨了现阶段三江源试点区进行国家公园体制试点过程中存在的典型问题，并有针对性地提出优化对策与措施，以期对三江源和其他国家公园试点具有指导意义。

【关键词】

生态文明；国家公园；管理体制；三江源

【作者简介】

吴昱芳 中国科学院地理科学与资源研究所项目助理

钟林生 中国科学院地理科学与资源研究所研究员、博士生导师

王灵恩 中国科学院地理科学与资源研究所副研究员、硕士生导师

注：本文图片除标注外均由作者提供。

1 导言

国家公园管理体制是世界上较为普遍的自然资源和生态系统保护利用方式,多个国家和世界组织经过长期探索取得了较为成熟的经验和模式。世界自然保护联盟(IUCN)将自然保护地划分为包括"国家公园"(National Park)在内的六大类,明确国家公园是"把大面积的自然或接近自然的生态系统保护起来,以保护大范围的生态过程及其包含的物种和生态系统特征,并提供环境与文化兼容的精神享受、科学研究、自然教育、游憩和参观的机会"[1]。美国、加拿大、英国等国家较早地建立了适合本国国情的国家公园体系。为落实生态文明建设战略,党的十八届三中全会提出"构建国家公园体制"。2015年1月,国家发展和改革委员会联合13部门印发了《建立国家公园体制试点方案》,通过开展国家公园试点工作,为建立国家公园体制提供借鉴和支撑。2017年7月19日,中央全面深化改革领导小组第三十七次会议审议通过了《建立国家公园体制总体方案》(以下简称《总体方案》),《总体方案》强调以构建国家公园为代表的自然保护地体系为重要目标,明确国家公园是中国自然保护地的最重要类型之一,属于全国主体功能区规划中的禁止开发区域,纳入全国生态保护红线区域管控范围,实行最严格的保护[2]。

现有的国家公园试点区,既是国土空间开发规划中规定的禁止开发区,同时也是我国最重要的自然生态系统保护区,生态系统的景观美学价值、游憩价值和稀缺度高,基本都具备世界级旅游资源禀赋,旅游开发利用潜力大。实际上,像神农架、武夷山等很多国家公园的试点区也是我国著名的旅游目的地。受思想观念、发展诉求、部门利益等多种因素影响,国家公园体制试点过程中不可避免地与现有的体制发生冲突。详细剖析现阶段国家公园体制试点过程中的问题,提出针对性的优化对策,对推动我国国家公园体制试点具有积极意义。

2 三江源国家公园体制试点区概况

2015年以来,我国先后在10个试点区开展国家公园体制试点工作。其中,我国首个国家公园试点——三江源国家公园(图1)因其庞大的保护范围、脆弱的生态环境、复杂的物种类型与特殊的人地关系等因素,

图1 三江源国家公园概况

图片来源:三江源国家公园官网

图2 扎陵湖

受到社会各界的广泛关注。青海省三江源国家公园试点区是长江、黄河、澜沧江的发源地，是我国重要的淡水资源供给地和高原生物多样性最集中的地区，生态系统保持着较高的原始性和完整性，并保存着丰富的传统民族文化资源，是亚洲最重要的生态安全屏障和全球最敏感的气候启动区之一[3]。2016年3月，中央办公厅和国务院办公厅联合印发了《三江源国家公园体制试点方案》。2018年1月，国家发改委正式颁布《三江源国家公园总体规划》，标志着试点工作的全面推进。与此同时，作为三江源头、亚洲水塔和野生动物的天堂，三江源地区也是国内外游客向往的重要国际旅游目的地，部分位于公园内核心区与缓冲区的保护地旅游发展已初具规模。

在生态文明建设背景下，中央环保督察工作席卷全国，作为青藏高原的重要屏障区，青海省自然成为环保督查的重点区域。2018年4月，青海省党委政府根据反馈意见对黄河源头、青海湖、年保玉则等重点生态旅游景区关停、旅游设施拆除及景区内部整改等，发布禁游令，作为全省重要的生态旅游目的地核心区，目前这些景区仍然处于关停状态。

3 三江源国家公园试点区存在的问题

3.1 国家公园试点区范围划定存在争议

三江源地区自然保护地类型多且数量大，包括森林公园、湿地公园、地质公园、野生动植物自然保护区等类型。三江源国家公园在建设过程中需要与各类保护地进行整合与衔接，其范围包括青海可可西里国家级自然保护区、青海湖自然保护区，以及三江源国家级自然保护区的扎陵湖—鄂陵湖（图2）、星星海（图3）等地，园区总面积12.31万 km^2。而在国家公园体制试点划定过程中，根据行政边界划分出的范围没有系统考虑流域和自然生态系统的完整性，没有将玉树州的同属于黄河源头的相关县域纳入试点范围，自然生态系统未得到系统保护利用，同时导致地方政府和民众对国家公园边界范围存在较大争议，进而影响国家公园管理体制的顺利实施，也背离了国家公园试点的根本初衷。

3.2 保护与利用的关系不能正确理解

根据《建立国家公园体制总体方案》的要求，建立国家公园的主要目的是保护自然生态系统的原真性和完整性，坚持"生态保护第一、国家代表性、全民公益性"建设理念[4]。在环保督查背景下，三江源国家公园建设在实际操作中涉及的相关部门对国家公园含义、功能定位以及资源保护与开发之间关系的存在认识误区，片面理解保护与发展的关系，存在"只要保护，不要发展"和"粗放开发，保护不当"的双重矛盾，进而影响体制改革的推动实施。一方面，旅游部门在组织开展生态旅游的过程由于生态旅游理念与实践脱轨，忽视环保法律法规的相关规定，在国家公园核心区及缓冲区内以传统景区思维开展旅游活动，建设旅游基础设施，导致核心保护区内环境污染、生态破坏风险加剧。一些企业甚至为片面追求经济利益，借壳生态旅游概念而把大众旅游的开发和经营方式植入国家公园试点依托的保护地内，忽视了保护地内的环境保护、环境教育和社区发展责任，旅游开发活动未能真正体现生态旅游的内涵，进而产生不可逆的环境破坏，影响生态旅游的可持续发展另一方面，在环保督查意见整改过程中，环保部门要求国家公园范围内全面禁止任何旅游开发活动，拆除所有设施，没有考虑到国家公园具有的生态教育、生态体验和适度游憩功能，在一定程度上造成国家和社会前期投入资产浪费。

3.3 对现行保护地管理体制整合不充分，部门权责不清

我国现有自然保护地管理体制相对分散，由于三江源地区自然生态资源的丰富性和重要地位，多头管理问题突出，生态环保部、住建部、自然资源部、文化旅游部等多个部门在该地区均有其自身的管理职责，产权和利益关系复杂，部门间博弈突出。国家公园体制试点建设的初衷便是改变以往分散的资源管理方式，实现对自然资源的统筹利用和管理。然而，由于国家公园试点范围未涵盖原有保护地所有范围，所以国家公园试点范围外的原有保护地管理部门仍然存在，造成多部门交叉管理问题短时间内难以得到彻底解决[5]，部门间矛盾突出、权责之争明显。另一方面，环保风暴后，"旅游"词义弱化，甚至成为环境破坏的代名词。三江源国家公园管理局成立之后对划分在国家公园范围内的景区管控加强，致使地方旅游和相关部门在开展工作时"茫然无措"。

3.4 对传统文化和社区生活方式保护利用不足

三江源国家公园范围内居住着大量的藏族牧区土著居民，国家公园体制建设试点方案的实施使得在核心区内和周边居民资源所有权转移、生计资源丧失。这些居民不得不"移民"，生活与生产方式受到影响。如果洛州玛多县境内拥有包括扎陵湖—鄂陵湖以及重要的湿地生态系统，被称为"黄河源头"，因此被纳入三江源国家公园的核心区。然而，多种原因致使玛多县城大部分被划定到三江源国家公园的核心区，县城周边草原被禁止一切放牧活动，并严格规定扎陵湖—鄂陵湖禁止一切旅游活动，致使大部分依赖放牧与参与旅游的居民失去经济来源，生存空间与生活来源双重受阻。同时，国家公园核心区内很多是传统藏民延续千年的转湖或转山的通道，具有重要的宗教和历史文化价值。然而，目前国家公园试点方案中未对此进行明确的保护和利用。

3.5 野生动物保护难度较大，人兽冲突不断加剧

三江源国家公园内栖息着雪豹、藏棕熊、藏野驴、藏羚羊、黑颈鹤等特有的高原野生动物物种，由于公园生态环境的脆弱性、生态系统的多样性以及野生动物保护的复杂性等多种因素叠加，三江源国家公园野生动物保护仍面临巨大的挑战。首先，青藏高原生态环境脆弱且气候恶劣，野生动物的生长环境尤为严酷，许多野生动物的成长需要依靠人工干预，其中最直接、最有效的方式就是野生动物收容救护。然而，三江源国家公园缺乏健全有效的野生动物收容救护机制。资料显示，2017年公园内开展了4次雪豹收容救护工作，没有1只能够在恢复野外生存能力后回归自然[6]。其次，三江源国家公园内居住着大量的原始牧民，野生动物的栖息地同时也是牧民的生产与生活区，因此人兽冲突极易发生，人与野生动物冲突会造成重大经济损失，甚至造成人员伤亡，不利于野生动物保护。研究发现，三江源区治多县与曲麻莱县牧民与藏棕熊冲突最为严重，近年来这种现象不断加剧[7]。因此，建立长效的人兽管理机制是三江源国家公园亟待解决的问题。再次，园区保护范围面积较大，野生动物种类繁多，野生动物检测与保护工作难度较大，园区内动物的资源情

图3 星星海

况依然缺乏科学准确且完整的本底数据资料。

4 国家公园体制试点优化对策与建议

针对以上问题，建议从以下方面对三江源国家公园体制试点进行优化。

4.1 正确理解保护与发展的关系

国家公园的建立应兼顾保护与利用的双重关系，在严格保护核心区的前提下，合理规划科学研究、自然教育、生态体验与自然游憩等活动区域。国家公园内资源的开发利用应该强调资源的历史性、科学性与动态性，正确认识国家公园建设与生态旅游发展的互惠互利关系，转变发展旅游就是要以牺牲生态环境为代价的传统理念，充分发挥生态旅游的正面效能，建立适合国家公园建设理念的"生态体验"模式。同时，在公园建设过程中强调对已投入旅游和环境基础设施的充分利用，因地制宜地对待已有的设施建设和投入，避免造成资源浪费和国家社会财产损失。

4.2 范围的划定充分尊重自然生态系统的完整性

国家公园是严格保护维系国家生态安全与生物多样性的大面积自然和接近自然的陆地和海洋区域，进而保护大尺度的生态过程以及相关的物种和生态系统特征[8]。国家公园是自然保护地体系的重要组成部分，对我国来说是一种新的保护地类型。国家公园建设应与我国自然保护地体系建设有效衔接，充分发挥国家公园在优化自然保护地体系与生态保护中的引领作用。基于自然生态系统和地理单元的完整性，尤其是源头

流域自然地理的完整性，对国家公园的边界范围进行进一步细化评估和确定。

4.3 重新划分功能分区，实现生态系统精准保护与利用

三江源国家公园面积庞大，是由野生动物植物、湿地、森林、河流水系、冰川、湖泊等多个生态系统构成的复杂的综合体。功能区的划分在维护生态系统完整性的前提下，应当坚持"轻重缓急、主次分明"的原则，针对保护对象的生态特征和保护需要合理划定核心区，实现保护对象的精准高效保护。在坚持生态环保优先的原则基础上，根据保护对象与保护目标制定生态旅游发展的新模式，不仅考虑到生态效益，同时应兼顾经济与社会效益的综合可持续发展。

4.4 系统统筹部门间的关系，理顺管理体系

目前，我国国家公园试点具体的体制改革基本落实在县级机构层面，三江源国家公园体制试点同样如此，涉及玛多、治多、曲麻莱、杂多等各个县相关部门的整合和统筹。一方面，加强环保部门、国家公园管理局及旅游部门之间的沟通与合作，共同培养兼顾环保与旅游相关知识的综合型人才；另一方面，对玛多等国家公园占主导的县域，国家公园管理局与旅游部门进行整合，将原有的旅游局设为生态宣教管理部门，明确部门之间的权利与职责。

4.5 创新国家公园社会参与模式

尝试建立"三江源共存管理模式"：首先，借鉴国际上社区参与公园的管理模式，由纯环保组织、土著社区、用户群体、企业组织、地方政府代表和

图4 三江源藏野驴

图5 三江源国家公园的动植物保护工作　　　　　　　　　　　图片来源：三江源国家公园官网

私人土地所有者构成，这种模式能够实现治理的核心理念——利益相关者之间的互动和共识，为各利益相关者尤其是社区居民提供发声渠道。其次，对居民进行一定生态补偿的同时，建立社区居民共享国家公园体制利益的渠道，减少社区居民因建国家公园而遭受的经济损失。

4.6 建立科学有效的野生动物保护监测与人兽冲突处理机制

三江源国家公园建立的首要目标是保护高原野生动物多样性及脆弱的自然生境。针对三江源国家公园野生动物保护现状与实际需求，提出以下几点应对措施：其一，建立三江源国家公园野生动物保护机制，健全野生动物收容救护体系，在园区涉及的各州、市、县、乡镇新建多处基层收容救护站；利用政府专项拨款和筹集社会资金等多种形式，扩大野生动物保护投资力度；在重要的节点位置，布局科研实验室和适用于不同野生动物康复训练的综合性救护康复中心，并以驻点科研的方式引进高端人才入驻救护康复中心，提升救援人员的技术水平。其二，科学合理地处理园区内人兽冲突，应控制当地牧民过度侵入藏棕熊等野生动物栖息地，选择藏棕熊优质栖息地建立面积不等的保护小区；加强对游牧期间房屋（冬窝子）的巡护工作，建议成立联防队，定期到各分散居住点和牧场进行巡护；适当考虑撤户并村，同时加强基础建设服务，如强化通信网络覆盖等[9]。最后，建立科学、可行的国家公园野生动物巡护制度和反偷猎体系，保证巡护工作的长期、有效开展，对野生动物分布范围和密度了解更加准确，掌握国家公园内野生动物资源量的动态变化情况[10]（图4、图5）。

5 结论

本文以实地调研为基础，通过归纳与总结，初步探讨了三江源国家公园试点建设过程中遇到的难点和问题，并提出了相应的对策建议。目前，三江源国家公园试点面临着边界范围划定不合理、自然资源保护与开发矛盾突出、管理体制整合不到位、社区管理不充分以及野生动物保护难度加大等方面的严峻考验，也是未来试点建设能否成功的重要突破口。在此基础上，深谙当前国家生态文明建设的核心理念，紧扣自然资源精准利用与生态系统保护升级的时代主题，立足国家公园体制建设的实际需要，进一步优化三江源国家公园体制试点的体制机制已经成为当务之急。

本文试图对三江源国家公园试点建设中典型问题的分析与研究，具有一定的参考与借鉴意义，但并不能全面兼顾我国其他地区国家公园试点建设中遇到的复杂问题，仍需具体问题具体对待。"自下而上"的矛盾处理方式也不能彻底清除当前国家公园体制建设的所有障碍，应从顶层设计出发，"矫正"对国家公园基本概念的理解，正确处理保护与利用的关系，制定与时俱进的管理体制与管理方式，并根据保护需求设计因地制宜的规则和体制——即最严格的保护是最严格地按照科学来保护，按照科学来保护就需要有科学的理念、规则和制度[11]。只有这样，国家公园才能肩负起"保护好祖国的大好河山，不断改善国民的生存环境，为子孙后代留下一片绿水青山"的历史责任与使命。

参考文献

[1] Dudley N. Guidelines for Applying Protected Area Management Categories[M]. IUCN Publication Services. 2013.

[2] 钟林生,邓羽,陈田,等.新地域空间——国家公园体制构建方案讨论[J].中国科学院院刊,2016,31(1):126-133.

[3] 付梦娣,田俊量,朱彦鹏,等.三江源国家公园功能分区与目标管理[J].生物多样性,2017,25(01):71-79.

[4] 黄宝荣,王毅,苏利阳,等.我国国家公园体制试点的进展、问题与对策建议[J].中国科学院院刊,2018,33(1):76-84.

[5] 杨锐.论中国国家公园体制建设中的九对关系[J].中国园林,2014,32(8):5-8.

[6] 齐星章,等.青海省野生动物收容救护体系建设问题分析[J].安徽农业科学,2018,46(30):89-91,95.

[7] 青海省人与藏棕熊冲突现状、特点与解决对策[J].兽类学报,2018,38(1):28-35.

[8] 朱春全.国家公园体制建设的目标与任务[J].生物多样性,2017,25(10):1047-1049.

[9] 同[7].

[10] 蔡振媛.三江源国家公园兽类物种多样性及区系分析[J].兽类学报,2019,39(1):1-9.

[11] 苏杨,胡艺馨,何思源.加拿大国家公园体制对中国国家公园体制建设的启示[J].环境保护,2017,45(20):60-64.

国家公园野生动物旅游产品开发与管理研究：以美国黄石公园为例

Development and Management of Wildlife Tourism Products in National Parks: Case Study of Yellowstone National Park

文 / 郑雅馨

【摘 要】

在国家公园中开展野生动物旅游是一种可持续的发展形式，符合我国国家公园建设理念中旨在实现的科学研究、科普教育和国民游憩价值。本文选择美国黄石国家公园野生动物旅游产品开发和管理的案例，从旅游产品种类、管理组织架构、管理战略、游客管理和生态保护理念五个角度对其进行分析，并对我国国家公园未来开展野生动物旅游提出了相关的发展建议：深化和提升野生动物旅游产品内涵和服务质量，制定野生动物旅游规划与战略，严格管理游客行为，提升游客生态教育，注重国家公园科学管理。

【关键词】

野生动物旅游；国家公园；游客管理；黄石公园

【作者简介】

郑雅馨　中山大学旅游学院旅游管理硕士研究生

图1 美国黄石国家公园   吴必虎/摄

1 导言

发展旅游是实现国家公园公益性价值的重要途径[1]。根据《建立国家公园体制总体方案》，国家公园是指"由国家批准设立并主导管理，以保护具有国家代表性的大面积自然生态系统为主要目的，兼有科研、教育、游憩等功能，实现自然资源科学保护和合理利用的特定陆地或海洋区域"。国家公园不仅应突出对生态系统严格、整体和系统的保护，还应该重视发展对社会和公众的科学研究、科普教育、国民游憩等方面的价值[2]。为了平衡生态保护与旅游发展之间可能存在的矛盾，在国家公园中开展旅游活动应积极进行科学的规划布局，并选择以保护生态系统为首要考虑要素、可持续的旅游发展道路[3]。

在国外的国家公园中，开展野生动物旅游的情况十分普遍。这是因为在良好的管理下，野生动物旅游可以带来自然、社会、经济各方面的积极效益。野生动物旅游不仅会成为发展可持续旅游的重要形式，还可以带来长期的经济效益，并促进社区参与以及自然资源的良好保护[4]。野生动物旅游产品可以对游客进行生态科普教育，利于从长远角度提升游客环境保护意识[5]，符合国家公园发展的价值取向。丰富的动物资源是我国开展野生动物旅游良好的前提条件。中国不仅是世界上野生动物种类最丰富的国家之一，还保有大量特有野生动物物种，大熊猫、朱鹮、金丝猴、华南虎、扬子鳄等470多种陆栖脊椎动物是仅分布于中国的特有物种[6]。纵然有良好的资源基础，目前在我国保护地体系中野生动物旅游管理还处于较为初级的阶段，现有产品主要集中于观赏型旅游产品，如董寨国家级自然保护区的观鸟产品、四川卧龙大熊猫自然保护区的熊猫参观；国家公园中的野生动物旅游更是刚刚起步。在管理缺乏的情况下盲目开展旅游会对野生动物个体和种群造成负面影响，使野生动物的个体行为、生理属性种群动态属性物种多样性、生境质量等方面发生改变[7]。在这种状况下，对国家公园中野生动物旅游产品和管理的相关研究亟需开展。本文通过对美国黄石国家公园（图1）野生动物的产品开发和管理进行案例研究，并对未来我国国家公园开展野生动物旅游提出可行的建议。

2 案例研究

2.1 黄石国家公园基本状况

黄石国家公园是一座自然资源丰富资源保护状况良好的国家公园。它的总面积约为 8991km²，南北长 102km，东西宽 87km。黄石国家公园所在区域一部分位于美国怀俄明州西北角，密苏里河的主要支流——黄石河的源头地区。该地属于火山喷发形成的熔岩高原，具有峡谷、湖泊、热泉、间歇泉、瀑布等自然奇观，野生动植物资源亦丰富多样。大约 5% 的公园面积被水体覆盖，而草原和森林覆盖率分别达到 15% 及 80%。黄石国家公园的建立主要是为了保护包含世界上大约一半活跃间歇泉的地热区，该公园也是大黄石生态系统的核心。每年有大量的游客到访公园，2017 年黄石公园访问游客数量达 411 万人以上，总访问量达到 1.7 亿人以上[8]，每年的游客到访集中在 6 月至 8 月。2016年，83% 的游客认为他们的旅游目的包括野生动物观光[9]，野生动物旅游是游客游览黄石公园的第二大旅游动机。

黄石公园的野生动物种类十分丰富，动物栖息范围超过园内土地面积的 83%（7500km² 以上）。园内有很多种野生动物，包括 7 种有蹄类动物，如野牛、麋鹿（图2）、驼鹿、大角羊、叉角羚；2 种熊（图3）；67 种其他哺乳动物；322 种鸟类（其中 150 种会在园内筑巢），包括秃鹰、鱼鹰、游隼等猛禽，号手天鹅、普通潜鸟等水禽，鸣鸟和啄木鸟等；18 种鱼类，包括黄石鲑鱼、山白鲑鱼等；5 种两栖动物；6 种爬行动物。

黄石国家公园作为全美乃至全球第一个国家公园，具有丰富的野生动物管理经验，它是动物物种保存最齐全的一个野生动物保护区，在开展旅游的情况下几乎所有的动物品种都延续至今。尽管在历史上也曾面临一些严峻的问题，比如因缺少对灰狼野牛等动物狩猎的管理，一度造成物种群落迅速减小并导致生态系统破坏。但是随着多项管理法案确立，黄石国家公园的野生动物管理和旅游发展逐步规范化[10]，形成了一套较为成熟的野生动物旅

图2　黄石国家公园的麋鹿　　MikeGoad/摄

图3　黄石国家公园的黑熊　　Skeeze/摄

游发展和管理体制,可以为我国国家公园开展野生动物旅游提供一定的管理方法的借鉴。

2.2 黄石国家公园的野生动物旅游产品

根据目前学界较为认同的达弗斯(Duffus)和迪尔登(Dearden)(1990)的分类,野生动物旅游的接触类型可划分为:资源消耗型(consumptive)、半资源消耗型(semi-consumptive)和非资源消耗型(non-consumptive)三类[11]。资源消耗型主要是指人们的旅游活动需要对野生动物资源产生消耗,其代表性活动为狩猎旅游和垂钓旅游;半资源消耗型主要包括在动物园、水族馆、蝴蝶馆等场所进行的野生动物旅游;非资源消耗型主要是指那些旅游目的不是对野生动物产生永久性损害的、注重体验的旅游形式。尽管非资源消耗型也会对保护地设施、动物带来一定影响[12],它仍是一种具有可持续性的旅游形式,包括动物观光、动物摄影等。黄石国家公园开展的野生动物旅游种类主要包括资源消耗型旅游,如垂钓旅游;以及非资源消耗型旅游,如野生动物观光和摄影、野生动物教育项目。黄石国家公园内严禁狩猎。

2.2.1 垂钓旅游

每年,黄石公园的400万游客中约有5万人都会参与垂钓旅游。100多年来,钓鱼一直是黄石公园最受欢迎的娱乐活动。黄石国家公园的生态系统中存在的本土鱼类主要包括北极河鳟、鳟鱼(两个亚种为黄石鳟鱼和西山鳟鱼)和山白鲑,非本土鱼类包括东溪鳟鱼褐鳟虹鳟、

图4 黄石国家公园内冬季出没的狼　　Skeeze/摄

湖鳟等品种,目前公园严格规定在捕获后要对鱼类进行辨别并必须释放本土鱼类。公园规定从每年的5月末左右到11月左右可以钓鱼,而且只能在日出到日落的时间之内进行。此外,游客还需要拥有有效的黄石国家公园捕鱼许可证(可通过购买获取)。垂钓旅游的开展不仅为黄石国家公园带来了可观的收入,还为公园的生物多样性保护带来益处。

2.2.2 野生动物观赏和摄影

野生动物观光和摄影是黄石国家公园十分重要的旅游活动。公园为游客提供了非常具体的游览建议,包括观赏时间、动物出没地点和注意事项等。在不同的季节游客可以观赏到不同类型的动物:春天是观鸟的最佳季节,而冬季比较适合观赏狼(图4)、天鹅等少数动物。对于野生动物观赏有许多严格的规定和法律条文。为了保护游客安全,黄石公园会发给游客公园手册。手册里陈列了公园对游客观赏动物时的相关规定,其中强调游客要始终与熊或狼保持至少100码(91m)的距离,并与其他所有野生动物保持至少25码(23m)的距离。禁止喂食、狩猎、用灯光照射野生动物及模仿野生动物叫声等。如果游客触摸或喂食野生动物,一旦发现将会受到至少5000美金的罚款。

2.2.3 野生动物教育项目

每天在黄石国家公园都有定时的免费野生动物教育课程,黄石国家公园的工作人员或者志愿者会带领游客在园区内进行2小时左右的参观并进行讲解。讲解内容包括了解黄石国家公园内地质构成动植物知识,还包括安全教育——如何在公园内防熊。如果没有时间参加这些项目,在游客中心观看滚动播出的安全教育短片,也能学到动物安全知识。

2.3 黄石国家公园的野生动物旅游管理

为了保证黄石国家公园的野生动物资源可以长久地保存和适度地利用,公园提出了很多有意义的野生

动物管理手段和措施。本文将从野生动物保护组织架构动物管理战略、动物资源监测、旅游管理制度、保护理念这五个方面进行阐述。

2.3.1 野生动物保护相关组织架构

目前，黄石国家公园主要由美国内政部下属的国家公园管理局进行管理。与黄石国家公园野生动物管理相关的利益群体还包括同属内政部的野生动物管理局、学术机构，以及非政府组织（野生动物保护协会、自然保护协会）、商业团体（养牛协会）、当地利益群体（猎人、渔民）等。他们之间的沟通与协作主要通过大黄石协调委员会。可以说这一协商机构连接了各利益相关者，解决与协调矛盾，保证各部门和群体积极地行使黄石国家公园生态保护与野生动物管理的重要职能。基于垂直管理与横向协作相结合的组织架构，黄石公园才可能运用有力、高效的方式对野生动物资源及游客进行管理。

2.3.2 黄石国家公园野生动物管理战略

黄石国家公园的科学的生态资源管理是开展野生动物游憩活动的前提和保证。为了进行合理的资源以及游客管理，公园制定了大量管理战略，其中与动物保护和管理相关的战略包括"灰熊保护战略"（Grizzly Bear Conservation Strategy）、"本土鱼类保护计划"（Native Fish Conservation Plan）等，主要包括重要物种保护、生物入侵防护、游客安全管理方面（图5）。这些战略可以产生切实的作用，就以1970年起开始进行的"熊管理计划"（Bear Management Plan）为例，黄石国家公园中的熊类对人的伤害从20世纪60年代的每年45起伤害减少到21世纪的每年1次伤害，财产损失从20世纪60年代的每年219起减少到的平均每年15起[13]。公园管理战略是在公园总体规划之下的实际公园工作指导，在采取相关管理措施时起到了十分重要的作用。黄石公园野生动物管理战略制定过程主要包括公园目标识别、关键问题识别、公园基础动物资源分析、确定数据和战略需求、战略制定、公示和调整这些步骤。公园的管理战略制定依托于学者、科研工作者和公园管理人员的共同努力，并参考各利益相关者和公众的意见，形成最终的管理战略。

2.3.3 黄石国家公园野生动物资源的长期监测

自2008年起，黄石国家公园资源中心每3年左右都会发布一份十分详尽的资源报告。黄石国家公园的"自然资源生命体征"（Natural Resource Vital Signs）报告是帮助公园管理者和科学家更全面地了解资源状况的宝贵工具。报告从综合角度考量了生态系统的活力，而不仅仅关注于某类物种。报告包括4个主要指标层：生态系统驱动者（包括气候、地质运动等难以直接管理的外部要素）、环境质量（空气、声景、水质量）、资源（动植物、昆虫）、生态系统施压者（入侵动物、游客、野生动物疾病等）。其中在野生动物资源方面会监测重要的本土物种，如秃鹰、野牛、灰狼等物种的种群丰度等相关指标的变化趋势，及时制定和调整动物保护战略。上百名科学家、资源专家、公园管理人员和数据管理者都积极参与了这项长期检测项目。

2.3.4 黄石国家公园野生动物旅游游客管理

黄石国家公园每年会接待大量游客，面对较高的游客压力，其生态系统还保持着较高的物种多样性，灰熊、麋鹿、野牛在其中具有活力

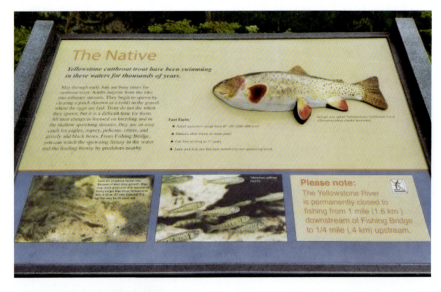

图5 黄石国家公园内介绍鳟鱼的展板

图6 黄石国家公园熊类管理区内的熊　　　　Adam Willoughby-Knox/摄

地生长和繁衍。这离不开公园积极、有效的游客管理手段。

在黄石国家公园内部，游客的游憩场所会被进行分区管理。根据公园的"游客体验与资源保护"（Visitor Experience and Resource Protection, VERP）技术方法，公园管理局将公园按照资源指标（生物、文化相关）和社会指标（游客体验相关）划分为9个区域。不同分区关注不同游客的使用水平、游客行为、游憩类型和时间等特征。此外，为了保障游客安全，黄石国家公园还单独进行了熊管理分区，进入熊类管理区的时间、最小团体人数等因素都将被限制（图6）。

依据相关的野生动物保护战略，公园进一步提出了明确管理游客行为的公园制度针对具体的游客行为，为了保护游客及野生动物的安全，黄石国家公园的管理制度十分严格，违反规定会处以罚款乃至刑罚。管理内容明确、条例细化，且通过网站、公园小册子等多种途径让游客易于获取。比如黄石国家公园的垂钓旅游会规定游客进入时间、垂钓区域、使用的钓钩种类、对鱼类的捕捞或释放情况等，在网站上就可浏览全部管理条例，体现了管理的明确和细化。

2.3.5 黄石国家公园的野生动物保护理念

黄石国家公园一直奉行除非在特殊情况下，不要干预自然进程的原则。这令黄石国家公园相比于一个"公园"，更像一个自然演替中的生态系统。黄石国家公园不会救助在公园内自然受伤的动物，因为公园管理局认为一些动物的死亡是维持公园内生态循环的必要过程，不应该人为破坏这个进程。救助个别动物的经费足以用于更广泛的保护和种群恢复工作。黄石国家公园的"野火管理"也突出了这种追求最低干预的保护理念，野火虽然会在短期内对公园内的动植物造成一定的伤害，但是从长远角度利于国家公园生态系统的保护。

3 案例启示

3.1 野生动物旅游产品内涵和服务质量的深化和提升

考虑到我国的野生动物保护现状和相关法律，在国家公园中适宜开展的野生动物旅游应主要指向非资源消耗型。未来或可根据区域具体情况适当地开展资源消耗型野生动物旅游。具体的旅游产品可包括野生动物观光、摄影、科普知识解说等产品。应该关注国家公园中野生动物旅游产品的产品内涵与服务质量的提升。

产品内涵主要体现在野生动物旅游产品的科普教育功能上。通过在公园中提供讲解服务、适量建设解说设施、开展科普教育活动等方式加深游客对野生动物的了解，实现国家公园发展旅游的科学教育价值。同时，科学的解说教育也会令游客减少对野生动物做出负面行为[14]，利于动物保护。

观光和摄影类旅游产品应为游客提供便捷的动物信息服务，提供野生动物基本特征、常出现的地点和时间、安全注意事项等相关信息，帮助游客更方便地进行游览和拍摄、了解动物知识。游览信息服务应可以通过线上、线下多渠道让游客获取，线上获取渠道可通过开发国家公园游览APP、官网可下载的电子信息手册等方式，而线下主要可通过公园手册、游客中心等实体途径提供。其目的就是让游客便捷地获得野生动物旅游的相关信息，提升游客的游览和体验感受。

3.2 野生动物旅游战略规划的制定

我国国家公园在开始发展野生动物旅游前应先制定管理战略规划，在规划的指导下进行野生动物保护和旅游活动的开展。战略规划建立在国家公园总体规划之下，既要符合公园的总体目标，又要充分考虑野生动物保护和旅游发展之间的关系与矛盾。战略规划的制定可以明确野生动物管理目标以及对应的管理手段，识别其中亟待解决的问题，令公园动物保护和旅游共同有序发展。

3.3 游客管理水平的提升

游客管理是在保护地体系中发展旅游最为关键的问题之一。游客的不文明行为会对野生动物及栖息地产生较大的影响，游客自身也可能会受到野生动物的伤害。在我国野生动物园中因游客不遵守游览规定而导致的伤亡事件屡屡发生，这一方面是因为公园管理规定落实情况不佳，另一方面是游客对规则的遵守意识不足。

在发展国家公园野生动物旅游时，首先，要对游客行为进行严格的管理。明确、细化国家公园游客管理制度，包括严格禁止在园内进行的行为（近距离接触、喂食、学动物叫声等）、驾驶工具的分区使用规范等。部分重要制度可上升到立法层面，用法律手段约束游客行为。其次，要保证游客入园前就获知这些管理制度，最好可以把相关规定印在入园门票等游客可以及时获知的地方。最后，公园也应及时监督，避免游客产生违规行为，一旦有违规行为要通过相关措施及时、有效地制止。

除了用严格的管理手段对游客行为进行约束外，很重要的一点是要提升对游客的教育，唤起大众的自然保护意识。除了通过解说系统建设提升野生动物产品内涵，还可以学习黄石国家公园公众参与的游客管理模式，招募游客作为公园志愿者，参与公园管理和科学研究，通过亲身参与的方式提高游客对公园的责任感，在志愿活动中潜移默化地提升了解自然、保护自然的意识。另外国家公园公开的各平台也应肩负起生态知识普及的重任，如通过网络平台可以对野生动物进行虚拟展示，让更多人接触和了解野生动物的相关知识。

3.4 注重国家公园科学管理

公园管理要学习先进的生态保护理念和方法，要以先进的生态理念指导公园动物保护，避免绝对保护，并且尽量减少人为的干预进程。近70年来，现代野生动物保护的考虑范围由单一物种的保护扩展到了生态系统[15]。尽管区域生物多样性和物种珍稀程度往往可以体现生态系统的代表性和典型性[16]，但是动物保护绝不只是保护几类珍稀物种或者濒危物种，而是应以生态系统整体生物多样性保护为立足点，否则就会重蹈黄石国家公园早期管理中因有选择性地保护物种而导致食肉类动物消失和生态系统破坏的覆辙。

为了实现公园科学管理，公园应当注重与科研机构、高校对接，邀请科研人员为公园的管理献言献策，将科学研究、资源普查和环境监控作为保护和恢复国家公园生态系统的重中之重[17]。一方面，科学研究可以指导公园野生动物保护的积极发展，运用最新的技术手段和管理思想对园内的动物进行保护和管理；另一方面，国家公园本身可以为科学研究提供翔实的资料和数据，利于推动我国野生动物研究的学科进展，实现国家公园科学研究的价值。

4 结语

在我国国家公园野生动物旅游处于刚刚起步的状态下，学习其他国家的国家公园管理经验可以为我国国家公园未来发展提供一定的参考。作为开展野生动物旅游较早、管理水平较高的国家公园之一，美国黄石国家公园野生动物旅游的产品开发、组织架构、战略管理、游客管理和生态保护理念等方面的理念都值得学习和借鉴。在吸收西方经验的同时，也应结合我国实际以保护优先的观念，积极发展国家公园野生动物旅游。

参考文献

[1] 苏红巧, 苏杨. 国家公园不是旅游景区, 但应该发展国家公园旅游[J]. 旅游学刊, 2018, 33(8): 2-5.

[2] 兰伟, 陈兴, 钟晨. 国家公园理论体系与研究现状述评[J]. 林业经济, 2018(4): 3-9.

[3] 李经龙,张小林,郑淑婧.中国国家公园的旅游发展[J].地理与地理信息科学,2007,23(2):109-112.

[4] Maclellan L. R. An examination of wildlife tourism as a sustainable form of tourism development in North West Scotland[J]. International Journal of Tourism Research, 1999,1(5):375-387.

[5] 丛丽,吴必虎,张玉钧,等.非资源消费型野生动物旅游者的环境态度研究——以澳大利亚海豚探索中心为例[J].北京大学学报(自然科学版),2016(02):295-302.

[6] 中国林业局自然保护地管理司.国家林业局:中国野生动物保护事业成效显著[N/OL].(2013-05-24)[2018-11-29]. http://zrbhq.forestry.gov.cn/zrbh/1492/60493/6.html.

[7] 马建章,程鲲.自然保护区生态旅游对野生动物的影响[J].生态学报,2008(06):2818-2827.

[8] National Park Service. Visitor Use Management[Z/OL]. (2018-07-19)[2018-11-29]. https://www.nps.gov/yell/getinvolved/visitor-use-management.htm.

[9] National Park Service. Visitor Use Study [R/OL]. [2018-11-29]. https://www.nps.gov/yell/getinvolved/upload/R-YELL_VUS_FINAL-Report.pdf.

[10] 郑敏,张家义.美国国家公园的管理对我国地质遗迹保护区管理体制建设的启示[J].中国人口资源与环境,2003,13(1):35-38.

[11] Duffus D. A., Dearden P. Non-consumptive wildlife-oriented recreation: A conceptual framework[J]. Biological Conservation, 1990, 53(3):213-231.

[12] 高科.野生动物旅游:概念、类型与研究框架[J].生态经济,2012(06):137-140.

[13] National Park Service. Bear Management.Recent Progress[Z/OL]. (2018-04-17)[2018-11-29]. https://www.nps.gov/yell/learn/nature/bearmgmt.htm.

[14] Marschall S., Granquist S. M., Burns G. L. Interpretation in wildlife tourism: Assessing the effectiveness of signage on visitor behaviour at a seal watching site in Iceland[J]. Journal of Outdoor Recreation & Tourism, 2017, 17:11-19.

[15] 邹红菲.浅谈我国未来的野生动物管理研究[J].野生动物学报,2002(4):32-33.

[16] 苏杨.用国家公园进行野生动物保护的是与非——解读《建立国家公园体制总体方案》之四[J].中国发展观察,2018(2),46-51.

[17] 高科.公益性、制度化与科学管理:美国国家公园管理的历史经验[J].旅游学刊,2015,30(5):3-5.

VAMP框架在国外国家公园管理中的应用及经验启示

Application and Experience of VAMP Framework on Managing National Parks beyond China

文 / 徐琳琳　丛 丽

【摘　要】

为实现资源保护与游憩利用之间的平衡，科学合理的管理模式成为国家公园经营中的重要探索课题。访客活动管理流程（Visitor Activities Management Process，VAMP）是加拿大国家公园管理规划流程中的一个重要组成部分，该管理模式主要包括访客活动概况、访客需求和自然资源信息三大部分，将重点聚焦在资源的使用者上，以访客活动为中心，明确不同类型访客之间的差异和偏好，以便有针对性地进行合理规划。本文阐述了VAMP理论的产生背景和内涵，剖析VAMP的管理框架构成和实施步骤，在自然资源保护与游憩利用平衡处理的视角下，结合具体案例分析该模式在国家公园管理中的应用，最后提出VAMP目前存在的问题以及对我国国家公园体制建立和未来管理的经验启示。

【关键词】

VAMP；国家公园；游客管理；野生动物旅游

【作者简介】

徐琳琳　北京林业大学园林学院旅游管理系本科生

丛　丽　通讯作者,北京林业大学园林学院旅游管理系副教授

注：本文图片除标注外均由作者提供。

图1 加拿大班夫国家公园　　　　　　　　　　　　　　　　　　　　　　　　　　Jacky Huang/摄

导言

随着休闲旅游活动的开展和普及，野生动物旅游受到越来越多人的欢迎，日益成为旅游业的一个重要组成部分[1]。国家公园是游客管理活动最早开展并开展得最普遍的旅游目的地类型之一[2]，同时也是野生动物的重要栖息地。近年来，我国开展了十大国家公园试点，且已成立两处以保护野生动物为主旨的国家公园试点（大熊猫国家公园和东北虎豹国家公园）。中国国家公园访客管理体制的建立则面临两大挑战：一方面，我国国民游憩需求日益增长；另一方面，资源保护与游憩利用之间的矛盾不断加剧。野生动物旅游的开展是实现野生动物保护及可持续发展的一种手段，对旅游者行为进行引导和规范则是减少游客行为对自然资源带来负面影响的有效措施[3]。因此，在我国国家公园体制试点进行阶段，亟须加强对访客行为的科学管理研究，深化国外先进管理模式与经验借鉴。

VAMP（Visitor Activities Management Process，VAMP）即访客活动管理流程，是加拿大国家公园管理规划系统内自然资源管理流程的配套流程，1985年由加拿大公园管理局（Parks Canada）创建，来源于19世纪60年代、70年代解说服务的规划和发展。该管理框架以生态中心主义为保护理念，认为人类到访会造成资源和环境破坏，因此需要考虑在特定空间和生境可接受的最大程度损害（变化）的前提下，如何适当限制和控制访客行为影响。因此，在操作中强调对访客进行监督和管理，以访客活动形式为中心，调查和了解访客的社会、人口统计特征、行为及偏好，从而为参与同一活动的不同旅游者提供不同的服务，增强游客对地方的满意度，从而保护生物多样性和培养地方忠诚度。

1 VAMP产生背景及发展历程

VAMP的理论基础是游憩机会谱（Recreation Opportunity Spectrum，ROS），基于ROS模型中的四个需求层次，即活动需求、设置属性、体验机会和收益,专为区域规划而设计,且易于和可接受的改变极限(Limits of Acceptable Change, LAC)、访客影响管理模型(Visitor Impact Management, VIM)和访客体验与资源保护(Visitor Experience & Resource Protection, VERP)的原则[4]相结合。同时,作为原始九步LAC模型的简化版,VAMP旨在结合战略管理和利益相关者参与两个支柱[5],但与其他管理模式(如ROS、LAC、VERP、VIM等)不同的是,VAMP特别强调营销策略的使用,如产品开发和市场细分等[6]。此外,其他模式多围绕承载力展开,虽然VAMP、ROS、LAC和VIM理论均依赖于资源管理和游憩机会的创造,但VAMP将注意力转移到资源的使用者(即访客)上,以访客活动为中心,明确不同类型参与者之间的差异和偏好,以便有针对性地进行合理规划[7]。

1984-1985年,加拿大公园财政收入不断增加,为继续实施国家公园规划提供了经济保障,但访客管理规划方面仍不完善。从理论角度来看,公园管理规划更多地关注公园内自然资源方面的客观数据,但有关访客使用维度的数据却很少,且未能恰当地分析与游憩机会、游憩活动、服务和设施四者相关的问题。从实践角度来看,公园设施的布局和体量都存在很大问题,面对游憩需求的爆炸式增长,加拿大公园管理局未能做出正确的反应。对此,有关管理部门提出,正确处理有限资源与访客间的紧张关系需要认真对待访客及其活动,这一要求直接促成了VAMP的发展[8]。1985年,VAMP已用于指导4个国家及多个国家公园的相关专项培训工作[9];2006年,加拿大公园局出台的战略规划明确规定了VAMP及其他直接或间接管理策略的使用,VAMP正式成为加拿大国家公园规划的理论指导[10]。

2 VAMP模型的内涵

2.1 内涵

VAMP属于国家公园管理规划中的决策层,是国家公园管理规划流程中的一个重要组成部分,它为公园经营管理者提供了一个灵活的框架。该框架以社会科学信息分析为基础,并与自然科学和文化信息相结合,能够将数据信息融入管理规划过程,使管理者在访客机会和目标市场中能够合理考虑效率和有效性[11]。

VAMP是首批考虑社会科学在解决"资源与访客间紧张关系"方面的价值的模式之一[12]。其前提是,社会科学与自然科学并非不相容,二者结合起来可以加强对国家公园的保护和利用。因此,VAMP非常重视国家公园和保护地确立、规划和管理过程中的人为因素,关注组织内以及区域内常住人口和惯常旅游者的丰富经验和非正式知识。

具体来看,VAMP的出现反映了国家公园从产品基础供应型到外向市场敏感型的转变。过去管理层以运营为导向,专注于设施或资源,而不是游憩机会与体验。VAMP则是以问题为导向,致力于做出正确的管理决策,获取有用的决策数据。对此,VAMP提出了"公园数据计划"(Park Data Plan),用于收集和更新所需的相关访客活动数据,主要包括访客类型、访客数量、访客多样性以及访客增长的区域等,并对访客期望及访客在旅行周期的各个阶段需要的服务和设施类型进行分析[13]。这些数据作为数据库开发计划的一部分,将被用于解决与公园管理相关的问题。

2.2 VAMP管理框架构成

VAMP的总体框架如图2所示,但该框架并非固定不变,在不同管理环境中,其产出类型、内容及详细程度也有所不同。VAMP的构成有三大基本内容,包括访客活动概况、访客需求和自然资源信息。访客活动概况对进行不同类型活动的访客进行分析,包括年龄阶段、性别比例、收入水平、技能水平等人口统计学特征,以及市场占比与趋势、设施需求、服务需求、满意度等访客行为偏好方面的特征,是国家公园进行市场细分和访客需求分析的基础;对访客需求的研究有助于适应变化,促进国家公园对访客服务要求进行快速响应,并进行现场调整;自然资源信息的收集主要来源于自然资源管理流程(Natural Resources Management Process, NRMP),VAMP对自然资源信息进行评估,以确定资源开发机会及限制因素,有助于VAMP实现访客使用与资源保护之间的平衡[14]。

2.3 VAMP管理实施步骤

VAMP的实施程序(图3)可分为七步[15]:(1)制定项目职权范围;(2)确认现有的公园发展目标;(3)建立数据库,用于描述公园生态系统和环境、潜在访客教育和游憩机会、现有访客活动和服

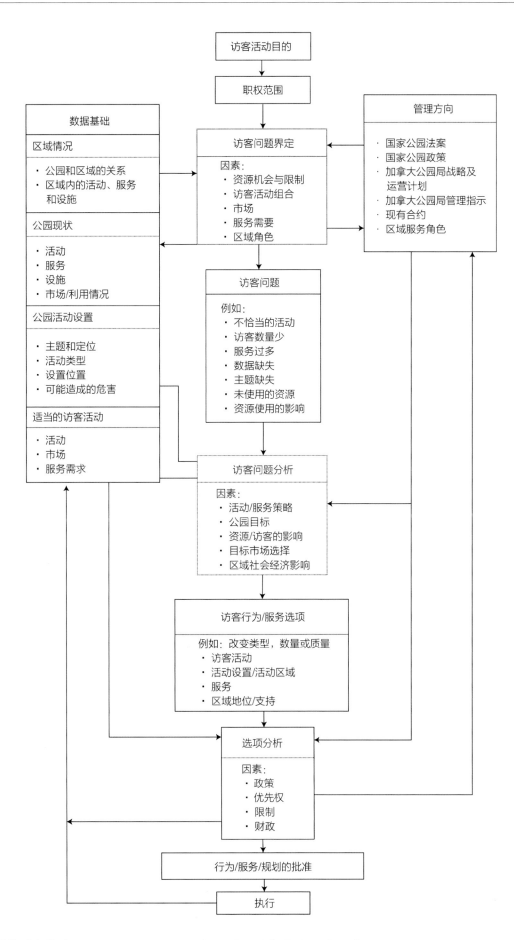

图 2 VAMP的模型框架（译自 *Visitor Activity Management and Canada's National Parks*）

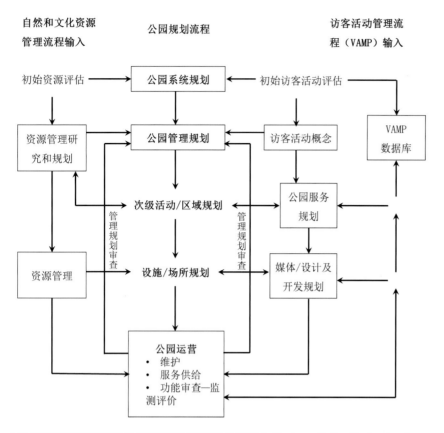

图3 访客活动管理流程在加拿大国家公园规划中的角色（译自*Achieving a Better Understanding of Outdoor Recreation Conflict and Its Management in Canada's National Parks*）

务以及区域背景；(4)分析现有情况，确定主题、资源能力和适用性、适当的访客活动、公园在该地区的作用以及私营部门的作用；(5)为环境条件、能够实现的体验、访客细分市场、服务水平指南以及公园在区域和私营部门所扮演角色的要求，制定具有可选择性的访客活动概念；(6)制定公园管理计划，包括公园的目的和作用，管理目标和指导方针，区域关系以及私营部门的作用；(7)确定"实施—确定公园保护和公园服务规划"的优先顺序。

3 应用案例

3.1 加拿大特拉诺瓦国家公园管理

特拉诺瓦国家公园（Terra Nova National Park）位于加拿大纽芬兰与拉布拉多省的纽芬兰东海岸，成立于1957年，占地面积400km²。公园保护的野生动物包括多种哺乳动物、候鸟和各种海洋生物。2009年，特拉诺瓦国家公园颁布了最新的公园管理计划，作为长期战略指南，该管理计划在原有规划的基础上修正，深刻体现了VAMP理论的原则和内涵。

该公园每年有20多万人次到访，其中大部分访客来自省内，是多次重游。为提升访客游憩体验质量，缓解游憩利用与环境保护之间的矛盾，公园管理部门依据VAMP理论进行访客优化管理。首先，公园管理部门进一步对数据库进行完善，了解访客及潜在访客的需求和期望，并通过社会科学研究，进一步确定访客对关键信息和公园期望的理解，根据不同特征将访客分成四类（表1），针对不同类型的访客进行导向性更强的管理优化。该公园计划每五年进行一次访客满意度调查，该调查主要针对访客对信息的理解程度、对服务的满意度以及访客人口统计特征等。此外，公园管理部门进行综合评估，审查公园的设施和服务水平，以确定资本重组和优先提升的领域，并评估新的游憩活动，以确定它与公园生态完整性和访客体验的兼容性。

为实现对公园野生动物资源的有效保护，特拉诺瓦国家公园在访客管理方面作出了一系列努力，通过多渠道信息提供和丰富游憩体验来提升访客环境意识，为生物多样性保护作出贡献。每年高峰期间，该公园由专业领队带领访客进行徒步旅行；采用动画短片、电台播放等方式提供动物保护信息；并在适当位置安装解说牌，提供该地区风险物种的年度信息；此外，该公园还鼓励公众参与志愿活动，利用野生动物观察报告系统收集目击信息，并通过提供公园内每个物种和生态系统的生活史、种群分布和丰度的信息，提高公众对风险物种的认知和保护。

表1 加拿大特拉诺瓦国家公园访客分类表

访客类型	露营者	不过夜游憩者	公路使用者	教育团体
访客构成	通常来自阿瓦隆半岛地区或附近的纽芬兰中部和拉布拉多社区	访问公园日间使用区域的当地居民	驾车途经公园内公路的人群	来自机构或有组织团体的专业学习小组
主要特征	(1)包括周末访问者、短期访问者(2-3天)、访问时间较长(2-3周)的访问者和长期访问者（例如，8-10周） (2)偏好晚间节目、篝火节目和儿童活动	(1)偏好游泳、划船、野餐、钓鱼、高尔夫等游憩活动 (2)需要及时有效的信息 (3)较少寻求环境解说或服务	(1)被视为道路标志和信息、日间使用体验、访客中心以及该地区社区的服务和体验的潜在受众 (2)寻求很少服务或不需要服务	(1)访问之前在网站和其他材料上寻求信息 (2)将从促进教育计划和机会中受益

3.2 麋鹿岛国家公园管理规划

麋鹿岛国家公园（Elk Island National Park）位于加拿大阿尔伯塔省，成立于1913年，总面积为194km²，是野牛、麋鹿等哺乳动物和250多种鸟类的重要避难所，也是加拿大观察野生动物的最佳地区（图4）。2011年，麋鹿岛国家公园出台了最新的公园管理规划，该管理规划应用VAMP理论的核心，充分考虑公众、利益相关者及员工的意见，平衡资源保护与游憩利用之间的关系。

公园规划中提出了"欢迎访客和加拿大人"的策略，致力于增加能够为访客带来特殊意义的游憩机会[16]。为了实施这一策略，公园对目标市场的特征和需求进行社会调查，并建立相应的数据库，参考访客—活动匹配表有针对性地进行活动设计和设施调整，确保所有年龄段的访客都能体验麋鹿岛国家公园的自然和文化遗产。此外，公园管理部门充分考虑并确保对公园生态完整性及濒危物种的保护，在此基础上进行规划设计，并对游憩活动的合理性进行评估。

为实现对野生动物的保护，麋鹿岛国家公园非常重视访客教育的重要意义。针对普通访客，公园计划开发丰富的解说系统，以主题和关键信息的呈现方式确保访客教育的有效性；针对教育团体，规划提出要将麋鹿岛国家公园变为"活课堂"（living classroom），与官方教育系统合作开设相关课程，为教育团体提供现场教学和网络学习体验，以提升对公园生态环境及物种多样性的认识。

4 结论和讨论

纵观国外国家公园与访客的关系，已经历了三个阶段：为访客而建的公园（park for visitors），有访客的公园（park with visitors）及公园和游客共生（park and visitors）三个阶段[17]。虽然"公园与访客共生"的第三阶段管理模式已被提出，但作为第二阶段中非常具有代表性的VAMP管理模式依然不容忽视，该模式不仅能够为其他访客管理框架提供理论基础，更能够为我国国家公园的访客管理提供指导。VAMP理论的基础是对社会科学信息的收集和分析，在此基础上进行资源的合理配置，开展适当的游憩活动，以解决资源保护与访客利用之间的矛盾，进一步提升访客体验，在访客教育上强调野生动物保护的重要作用。VAMP理论信息化、整体化、流程化的特点保证其在有效实施的情况下能够取得一定的成效。继VAMP提出之后，海德（Haider）在VAMP的理论基础上进行外延，建立了适当的活动评估模型（Appropriate Activity Assessment, AAA）[18]，该模型认为并非所有类型的活动都适用于保护地。根据AAA原则，加拿大国家公园、国家历史遗址和国家海洋保护区的游憩活动应当满足以下四点：(1)维持或增强地方尊重自然和文化资源的性质；(2)促使访客实现绝佳体验；(3)促进公众理解和欣赏；(4)实现当地社区的价值。

图4 加拿大麋鹿岛国家公园　　　　　　　　　　Nicholas Koenig/摄

AAA模型的提出拓展了VAMP理论的应用范围，为加拿大国家公园的评估与监测提供了理论支撑。

结合国外应用情况来看，该管理模式目前仍存在一定的问题：VAMP重点关注游客行为管理和游憩机会提供，但与其他模式相比，其对生态完整性或自然资源状况的关注较少[19]，以访客活动为中心的理论框架可能会导致生态保护与访客管理失衡；VAMP作为一种基于访客活动的管理模式，受到行动重点（activity focus）和空间性质的限制[20]；VAMP中的技术步骤具有不确定性，它是一个仍需进一步开发以获得技术能力的框架；实施VAMP会给公园带来一些与当前分区体系有关的技术和组织问题，如果要实现有效地集成访客和资源，必须克服这一问题；VAMP模式过于复杂和费时，且需要各方利益相关者参与，完全实行难度较大。

我国处于国家公园试点阶段，尤其是大熊猫国家公园和东北虎豹国家公园正面临着野生动物及其生态系统保护的压力，同时我国人口众多，日益高涨的游憩需求给未来我国国家公园管理带来巨大挑战。在我国国家公园的规划和管理过程中，无论是贯穿整个总体规划流程，还是仅在访客活动、访客体验等专题规划中发挥作用，VAMP都具有一定的启示和参考意义。此外，中西方访客在行为模式上也有不同之处，因此在实际应用时可选取VAMP理论中的核心内容，结合中国特色提出新的访客管理范式。需要注意的是，VAMP作为一种控制游憩冲突事件的手段，需加强与其他保护制度的协同配合。此外，国家公园管理的模式具有空间差异性和动态变化性，一方面，可以根据不同国家公园的具体保护需求制定管理模式；另一方面，随着国家公园体制建设的推进，应结合访客数量、访客动机、环境态度和游客行为等因素，动态调整国家公园管理框架，科学客观地处理好访客与自然资源及所在生态系统的关系，改善生态系统，增强区域发展的可持续性。

基金项目

本研究受国家自然科学基金项目"中国野生动物栖息地旅游者行为特征及调控机制研究"（编号41601129）和中央高校基本科研业务费专项资金项目资助（编号2015ZCQ-YL-04）共同资助；北京林业大学美丽中国人居研究院项目资助。

参考文献

[1] 丛丽,吴必虎,李炯华. 国外野生动物旅游研究综述[J]. 旅游学刊, 2012, 27(05): 57-65.
[2] 彭维纳. LAC理论在普达措国家公园游客管理中的运用[J]. 现代经济信息, 2015(07): 89-91.
[3] 高科. 国外野生动物旅游研究综述[J]. 旅游科学, 2011, 25(06): 75-92.
[4] Per Nilsen, Grant Tayler. A Comparative Analysis of Protected Area Planning and Management Frameworks[R]. Rocky Mountain Research Station, 1997.

[5] Simpson, K. How much is too much? A review of the literature concerning the management of visitors to national parks and protected areas[J]. 2003, 34(1): 51–55.

[6] Brown, Greg. Managing Australia's Protected Areas: A Review of Visitor Management Models, Frameworks and Processes[M]. CRC for Sustainable Tourism, 2006.

[7] Spiers, Andrew, et al. An exploratory study of conflict in Ontario provincial parks: Developing a framework for conflict management[J]. Leisure/Loisir, 2005, 29(2): 329–353.

[8] Graham, Robert, et al. Visitor activity management and Canada's national parks[J]. Tourism Management, 1988, 9(1): 44–61.

[9] 同[8].

[10] Parks Canada. National parks of Canada: Planning and reporting [EB/OL]. 2006-8-12 [2019-2-20]. http://www.pc.gc.ca/progs/np-pn/p_r/p_r1_E.asp.

[11] Parks Canada. Management process for visitor activities[Z]. National Parks Directorate, Visitor Activities Branch. 1985, 75.

[12] Benjamin, M. W. The Mountaineering Experience: Determining the Critical Factors and Assessing Management Practices[D]. University of Calgary, 2014.

[13] 同[6].

[14] 同[8].

[15] 同[6].

[16] Parks Canada. Elk Island National Park of Canada Management Plan[EB/OL]. 2011[2019-2-20] https://www.pc.gc.ca/en/pn-np/ab/elkisland/info/plan.

[17] Weave, David B, et al. Lawton. A new visitation paradigm for protected areas[J]. Tourism Management, 2017, 60: 140–146.

[18] Worboys, Graeme L., et al. Protected Area Governance and Management[M]. ANU Press, 2015.

[19] Castley G., Pickering C. M., Hill W. M., et al. An Integrated Framework for Developing Ecological Indicators of Visitor use of Protected Areas[J]. Australian Protected Areas Congress Proceedings, 2008.

[20] Toews, Valerie. A backcountry visitor impact management strategy for Riding Mountain National Park[J]. 1999.

BES 大地风景文旅集团
BES Cultural Tourism Group
目 的 地 美 好 生 活 创 新 服 务 商

17 年
专于文旅

3000+
作品

赋能
目 的 地
美 好 生 活
新 时 代

规划设计 | 投资融资 | ENABLE A BETTER DESTINATION LIFESTYLE AT THE NEW ERA | 注入内容 | 运营资产

Culinary Tourism: Products and Experiences

大地规划
文旅规划设计的
领跑企业

风景文创
旅游文创消费运营
的先行探索者

大地乡居
落地化乡村文旅
投、建、运综合提供商

大地溪客
露营地开发
综合服务商

大地云游
基于大数据的
智慧旅游与营销服务商

大地诚泰
文旅内容股权
投资管理者

大地遗产
文化遗产
保护活化开拓者

大地景区
景区开业与
转型升级服务商

大地建筑
创造风景的
建筑设计机构

 www.bescn.com ✉ sales@bescn.com ☎ 400-060-8181 189-1130-5757

中国古村镇大会
选址办法

大会概要

中国古村镇大会创办于2015年,迄今已成功举办四届,是国内迄今为止唯一一个超部门、多学科、跨行业的开放性古村镇领航大会。大会以公益开放的心态,整合国内外高端思想资源,联合全国关心古村、文化传承和乡村发展的社会各界人士,增强社会爱护古村的意识,积极探索路径让古村更好地传承发展下去,以期探索有益于古村保护和可持续经营的发展道路,缔造国内顶尖的新锐思想圈,成就中国古村保护活化民间最权威、最具影响力的智力机构和合作平台。

选址目的

古村镇大会选址目的是建立一个为中国传统村落和古村重要事务对话的公共平台。会址选定以市(县)为单位,在与会各方交流、合作,并就大会主题、事务达成初步共识的同时,寻求与会址间的共赢发展。

古村镇大会的举办将推进会址所在地包括乡村旅游、投融资、产业建设与整合、形象推广在内的多方面共同发展,为产业生态圈及乡村建设提供有利契机:

★ 快速提高村镇知名度　★ 大力推进重点项目建设　★ 整体提高干部群众观念　★ 全方位引入智力资源　★ 促进项目合作与落地

选址条件及选定

古村镇大会年度会址选择范围原则上限定于传统村落或古村落分布较多的区域。

(一)该区域具备鲜明的村落地域文化特点(较多的古村落、实践较好的村落案例等)。

(二)无偿提供可容纳至少500人的会议场所,具备食宿接待基本设施。

(三)为大会提供基本筹备费用,具体内容可与大会秘书处接洽。

(四)会址所在地政府对于古村镇大会的举办给予政策认可和支持,并于当地及周边政府机构予以宣传推荐。

(五)会址所在地应具备较有特色的产业体系及开放、包容的投资环境。

业界推荐　**实地考察**　**综合评审**　采取"业界推荐、实地考察、综合评审"的方式确定年度会址所在地。

联系方式

大会秘书处:中国·深圳·坂田五和大道南2号万科星火Online 7-238
7-238,Vanke Spark Online,NO.2 Wuhe South Road,Bantian Street,Longgang District,Shenzhen,Guangdong,PRC

Tel: 0755-28895149　　WeChat: gucunhui　　www.gucundahui.com

大会官方二维码

老熟茶·第贰春

2008年笋壳包普洱熟砖茶
经十余年干仓陈化
现已进入最佳品饮期

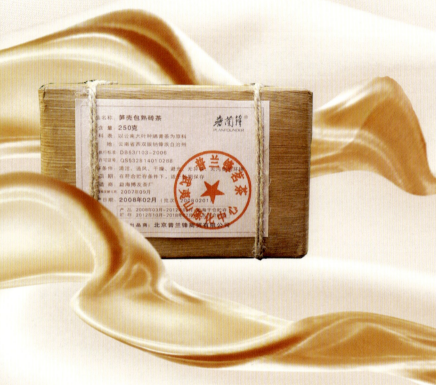

岁月洗礼 重焕生机

THE BAPTISM OF TIME BRINGS BACK VITALITY

以云南布朗山区大叶种晒青毛茶为原料
由原勐海茶厂黄安顺老师傅负责渥堆发酵，纯正"勐海味"

2008-2012	勐海干仓贮存
2012-2019	广东干仓贮存
2019-至今	武夷山干仓贮存

仓专储业 ｜ 监全控程 ｜ 贮干存仓标准

普蘭锋 PLANFOUNDER

品茗二维码

品茗热线：13466670579\01083204246

武夷山市三姑度假区观景台别墅杜鹃阁B栋\北京市西城区马连道路19号茶马大厦15层

北京林业大学园林学院
旅游管理专业

学制四年，授管理学学士学位。

学科简介：
旅游管理专业是管理学门类旅游管理类专业，建立于1995年，2010年成为国家首批旅游管理硕士专业学位培养单位。在旅游管理相关领域积累了丰富经验，具有较高的教学科研能力和水平。

北京林业大学园林学院旅游管理专业师资

学科特色：
北京林业大学旅游管理系是依托于北京林业大学的林学背景、园林学院的园林与景观学科背景发展起来的，具有鲜明的环境、生态、规划特色。进行世界自然遗产、自然保护区、国家公园、湿地及湿地公园等各种类型的自然保护地的游憩规划和管理的理论研究与实践探索。

学生实践

教师介绍：
旅游管理系现有专职教师11人，其中教授2人，副教授8人，讲师1人。其中博士学位获得者10人。此外，多位教师具有在美国、日本、英国、芬兰等国的海外留学和访学经历。累计主编和参编专著（教材）17部，发表学术论文100余篇；主持国家科技部、国家自然科学基金委员会、国家环保部、国家旅游局、国家林业局等部门的研究课题20余项；承担多种地域尺度的旅游规划60余项。

获奖证书

学生获奖：
先后指导学生参加多个国家级、市级和校级大学生创新研究项目，指导学生先后参加"北京市旅游线路设计大赛""红色旅游线路设计大赛""大学生世界遗产保护与可持续利用提案大赛"等，取得佳绩。

主要课程：
旅游经济学、旅游市场营销学、旅游地理学、旅游规划、旅游环境解说理论与实践、旅游景区管理学、会展旅策划与管理、城市规划原理等。

国际学术交流　　　　　　　　　　　　规划成果

就业方向：
毕业生可在旅游局、城乡规划局、园林局、林业局、文物局等政府部门，旅游、园林及林勘规划设计单位，旅行社、旅游度假区、宾馆饭店、景点景区、康体休闲中心、会展公司等旅游企业单位从事管理及规划工作；也可以继续攻读旅游管理、地理学、园林、工商管理、社会学及其他相关学科的硕士学位。

旅游规划与设计 往辑回顾

《旅游风险与旅游安全》
2019年3月，第31辑

《美食旅游》
2019年1月，第30辑

《自然旅游与自然教育》
2018年9月，第29辑

《旅游建筑与建筑旅游》
2018年6月，第28辑

《城市旅游》
2018年3月，第27辑

《地学旅游》
2017年12月，第26辑

《乡村健康旅游与乡居生活方式》
2017年9月，第25辑

《遗产旅游：呈现与活化》
2017年6月，第24辑

《景区容量与游客管理》
2017年3月，第23辑

《儿童及亲子旅游》
2016年12月，第22辑

《生态旅游》
2016年10月，第21辑

《台湾乡村旅游与民宿》
2016年6月，第20辑

《主题公园》
2016年3月，第19辑

《旅游厕所》
2015年12月，第18辑

《传统村落：保护与活化》
2015年9月，第17辑